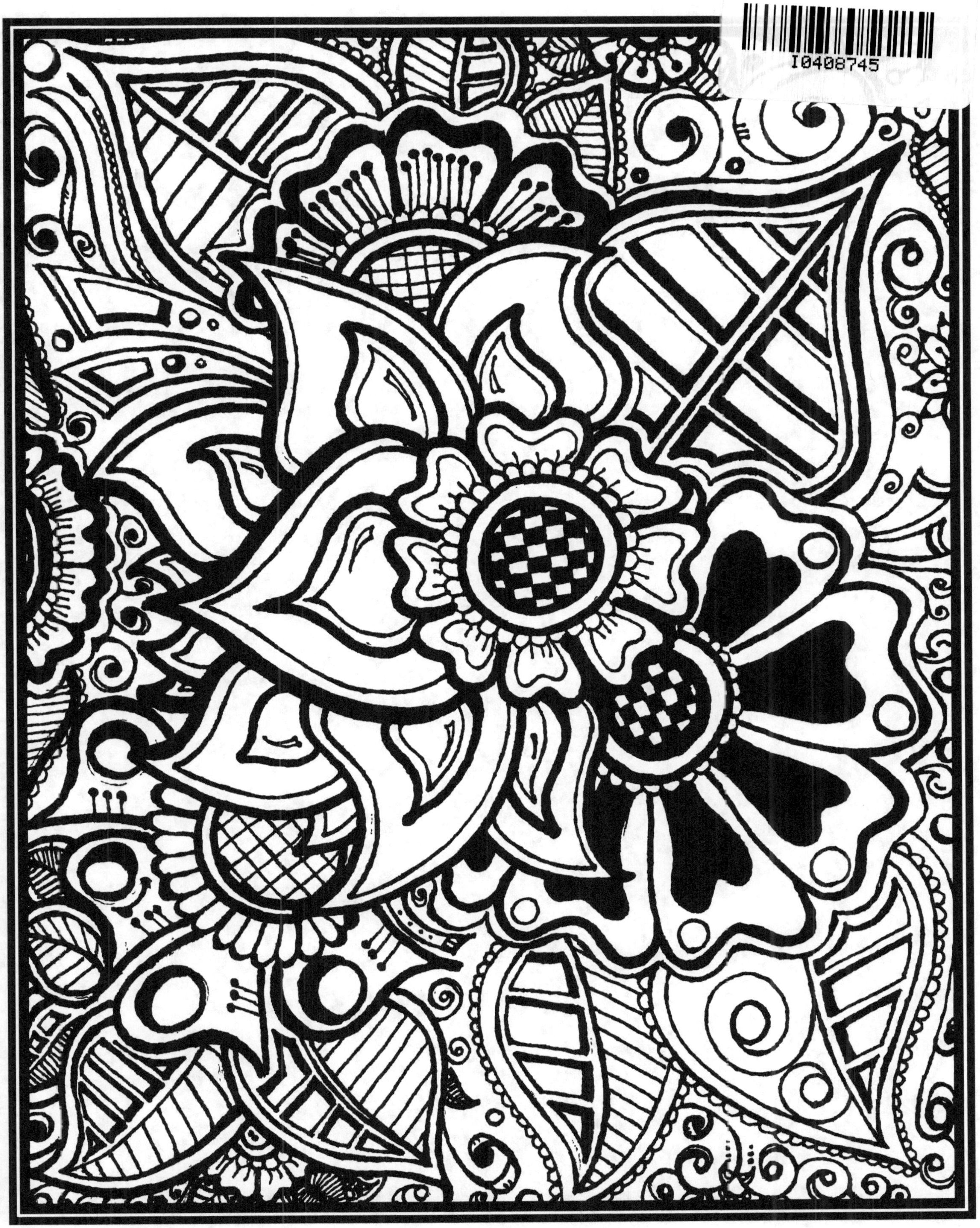

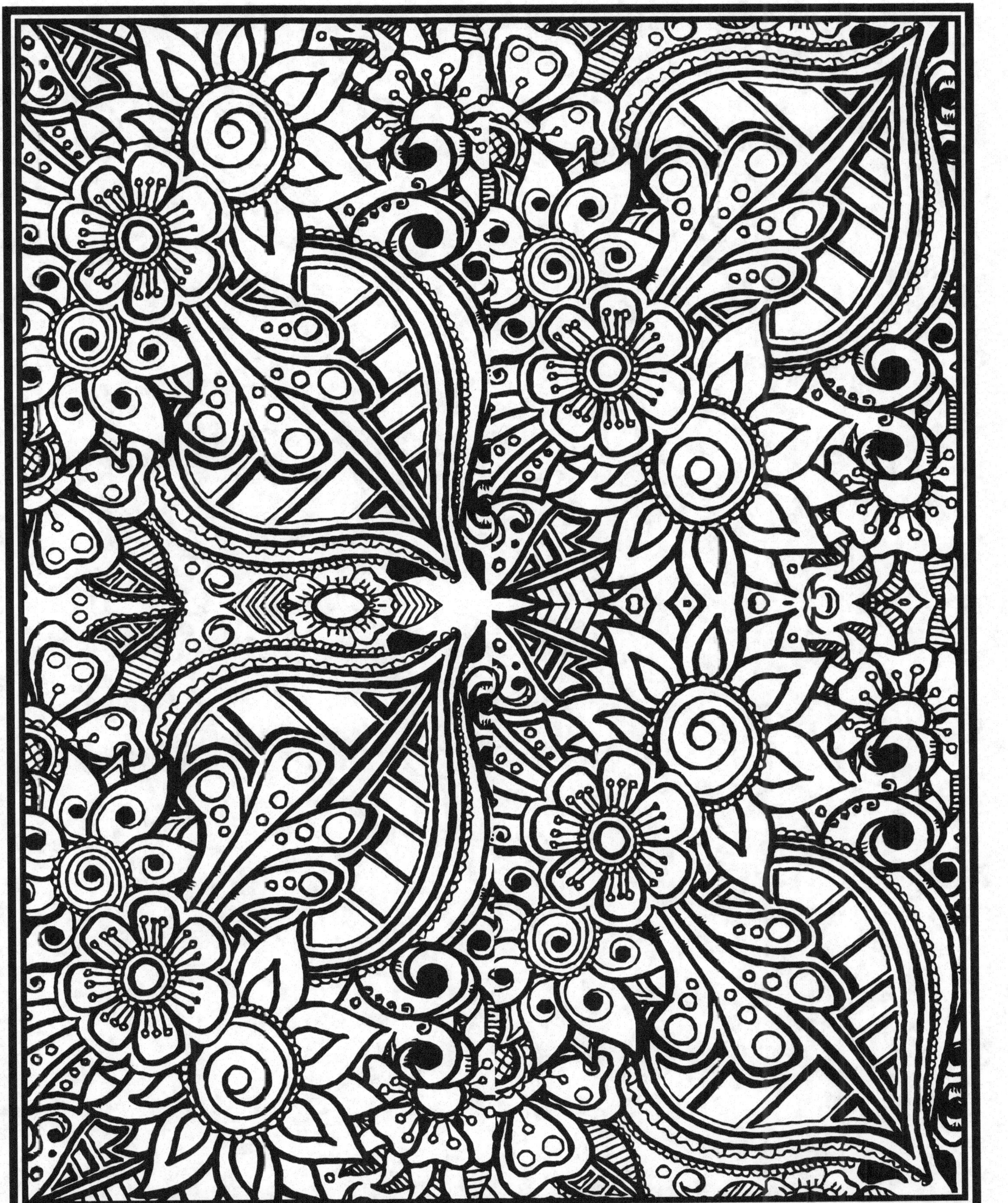

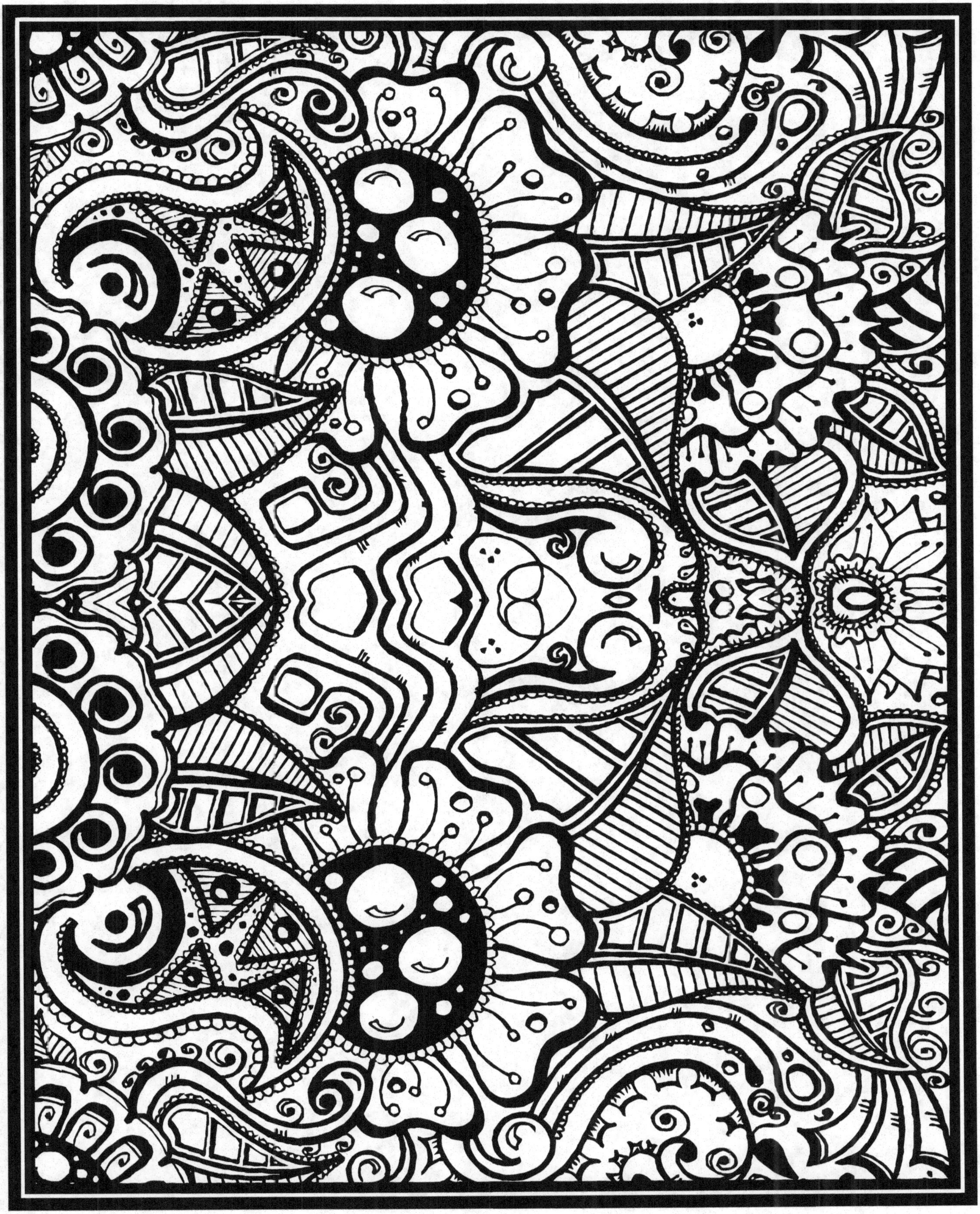

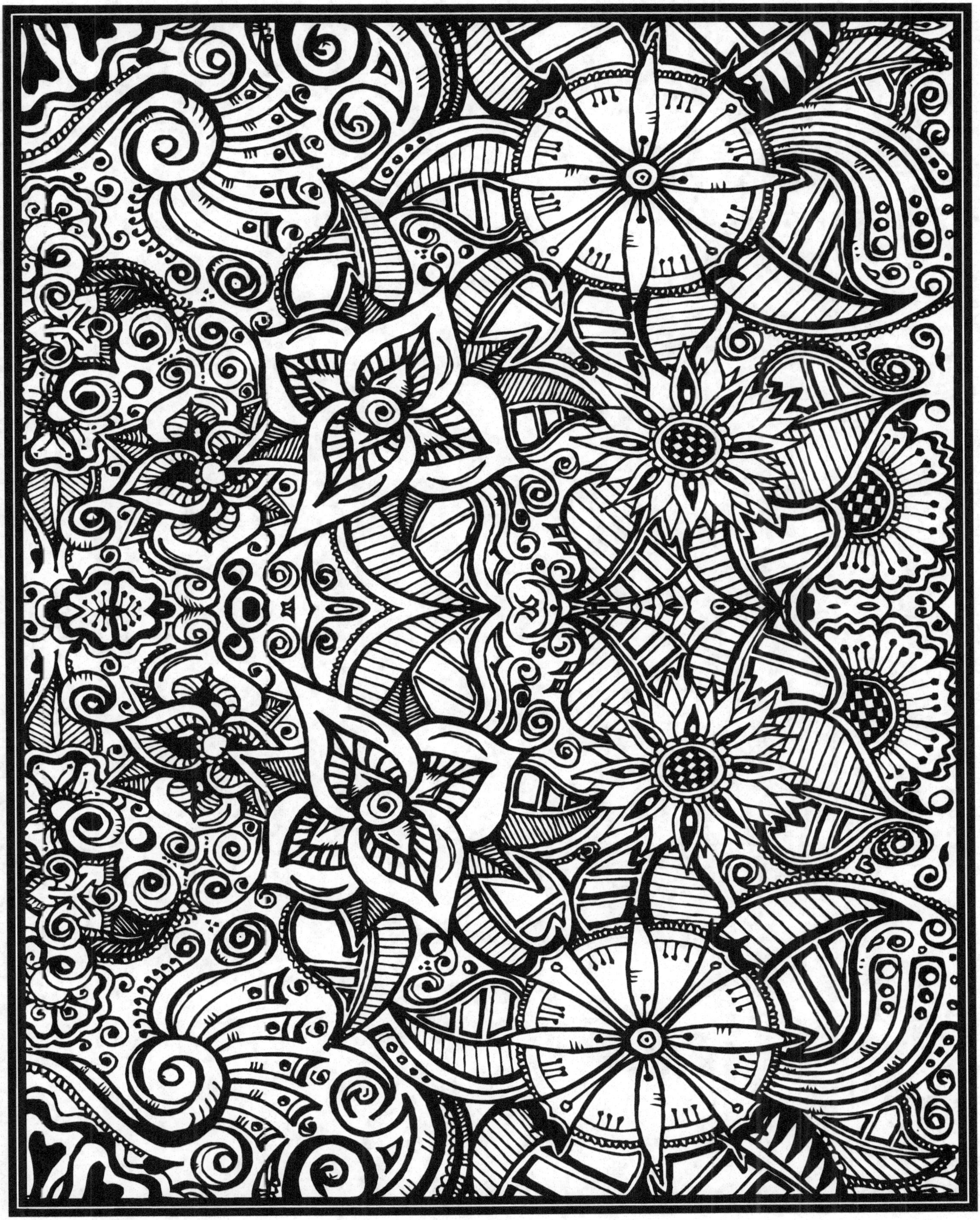

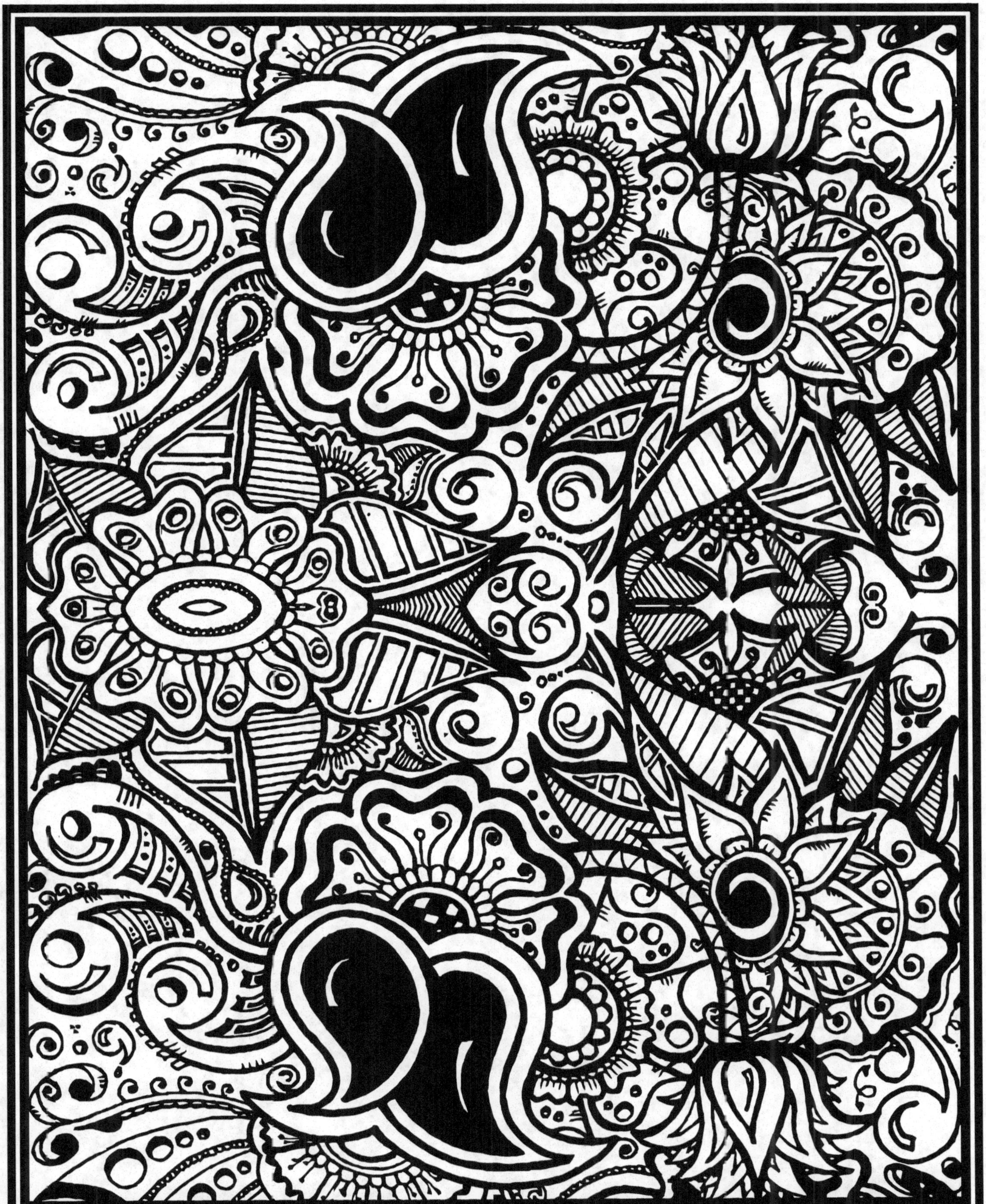

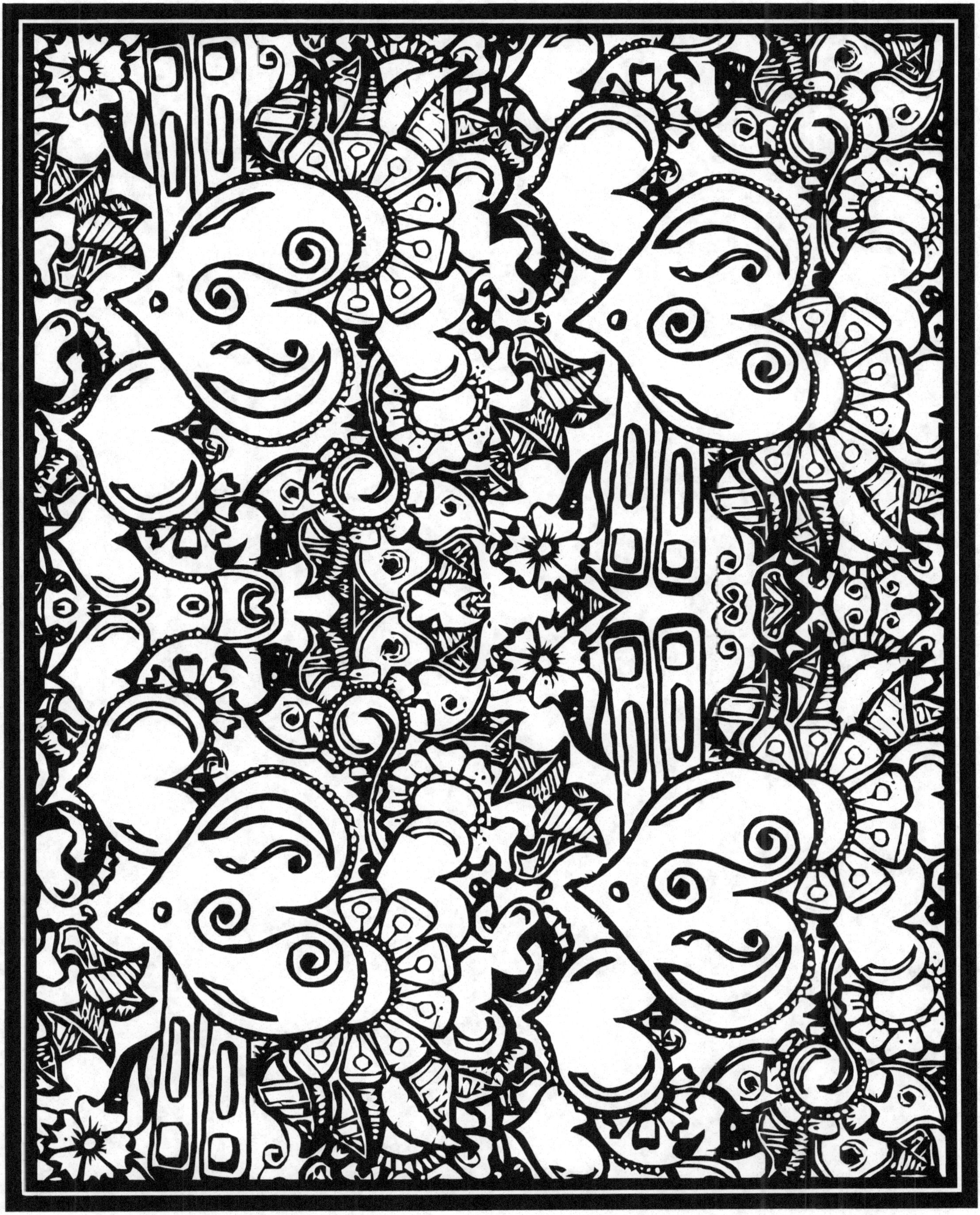

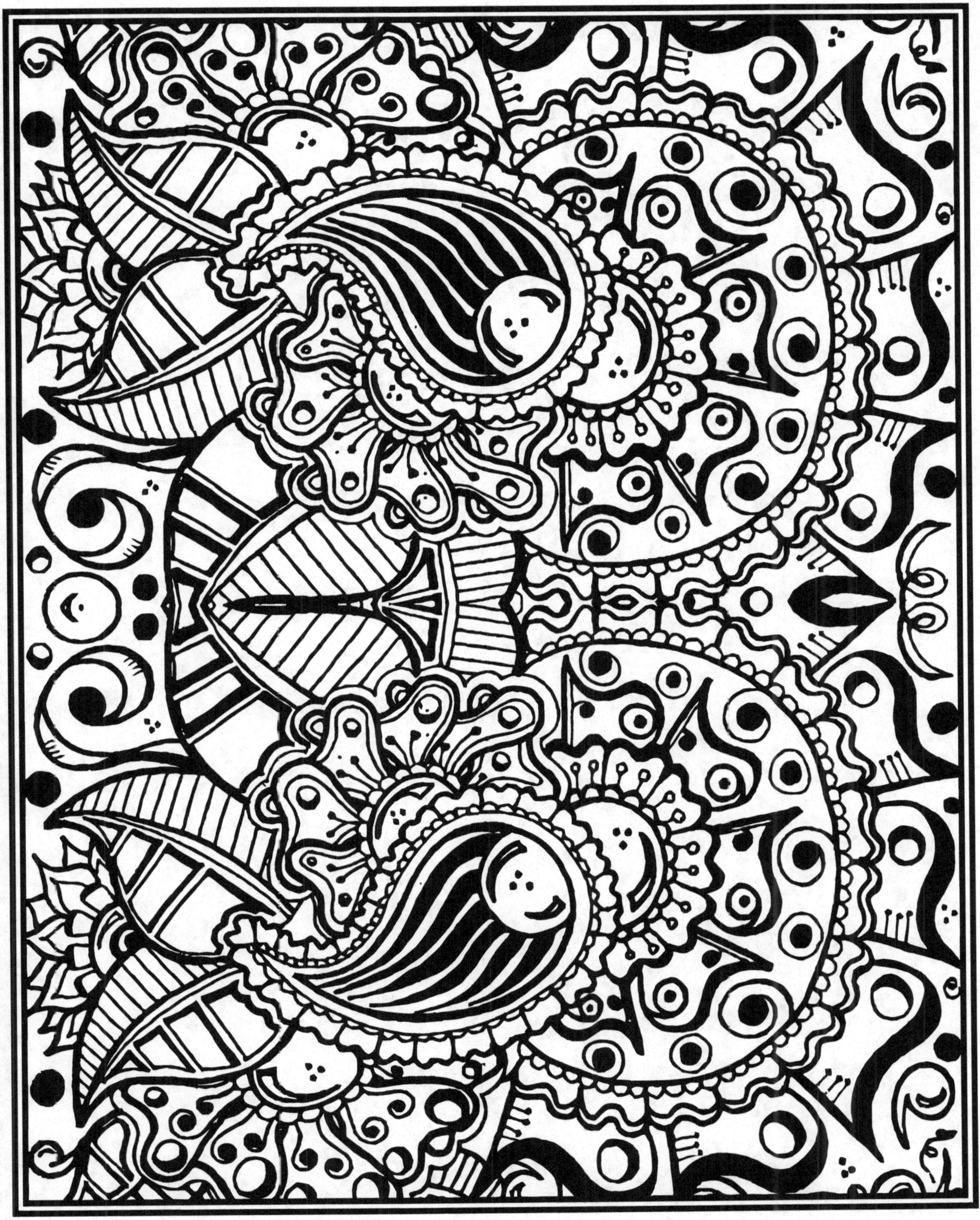

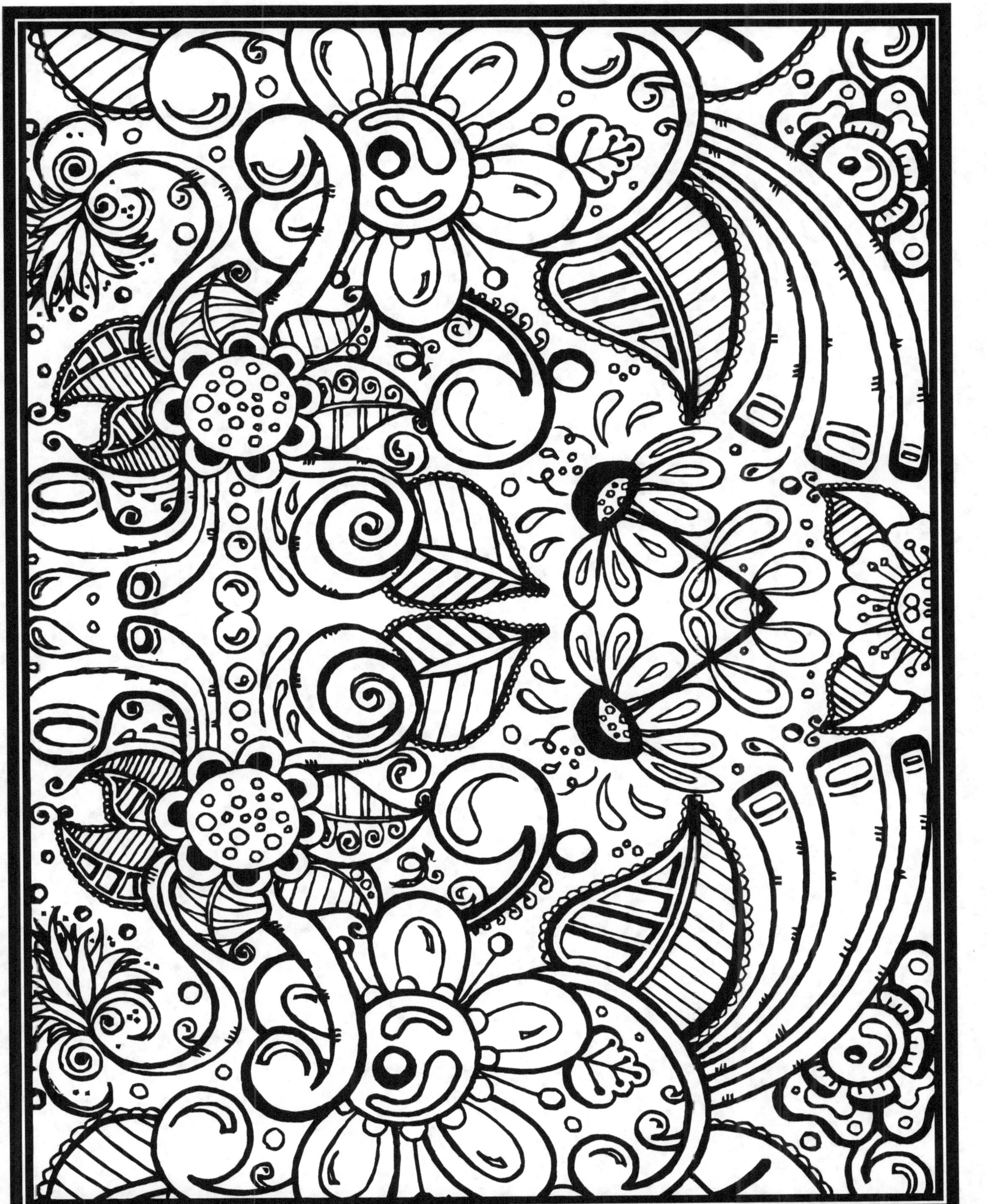

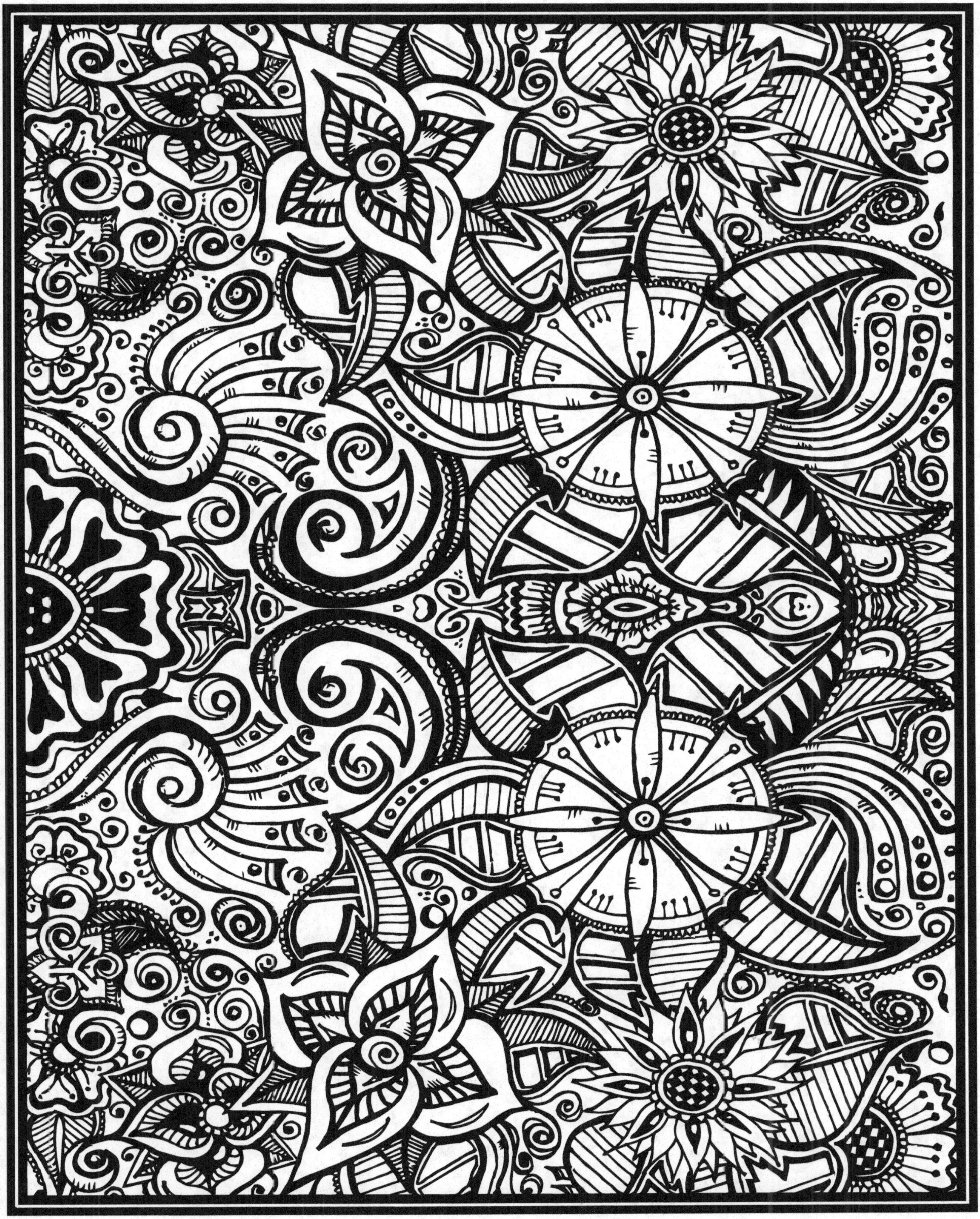

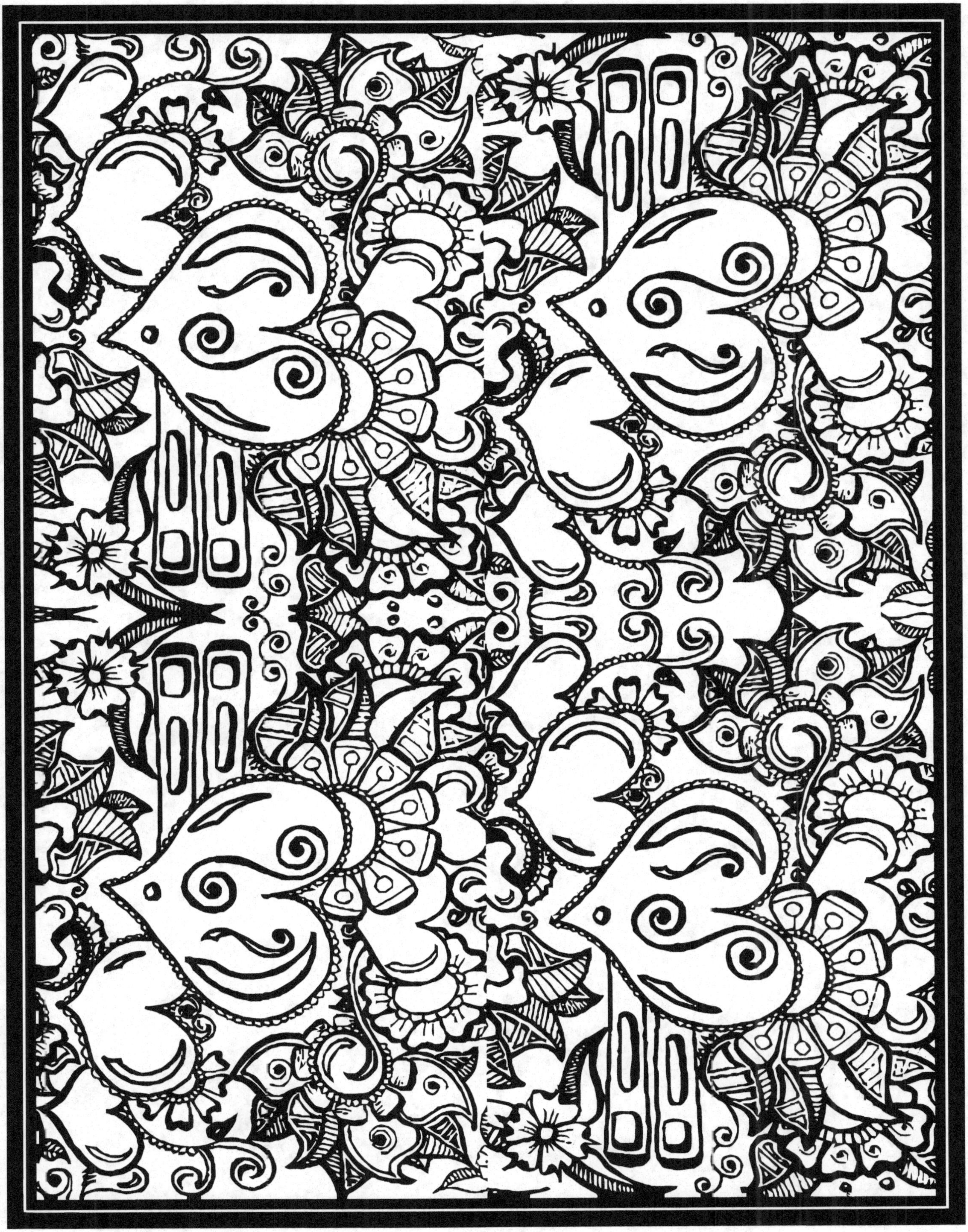

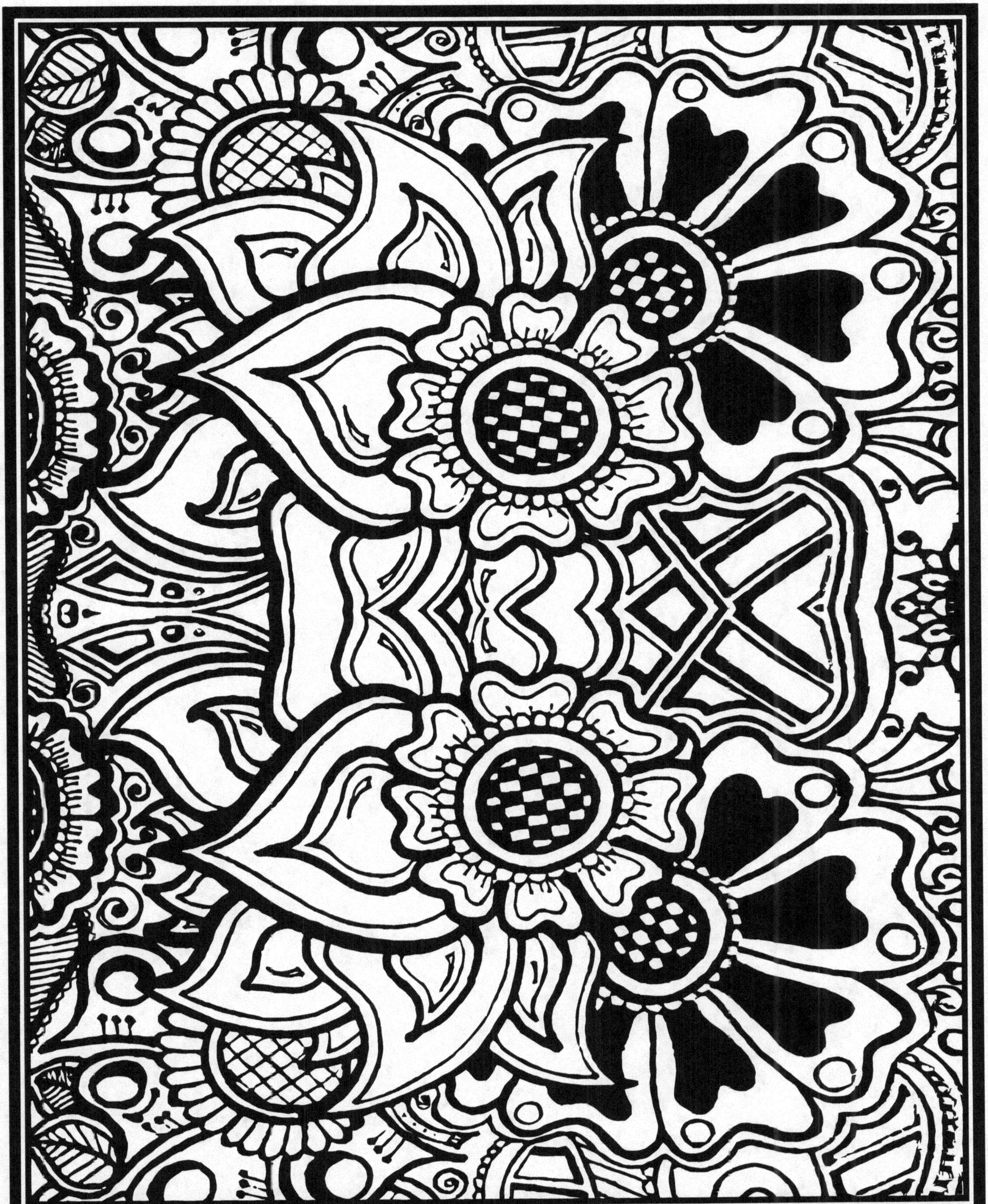

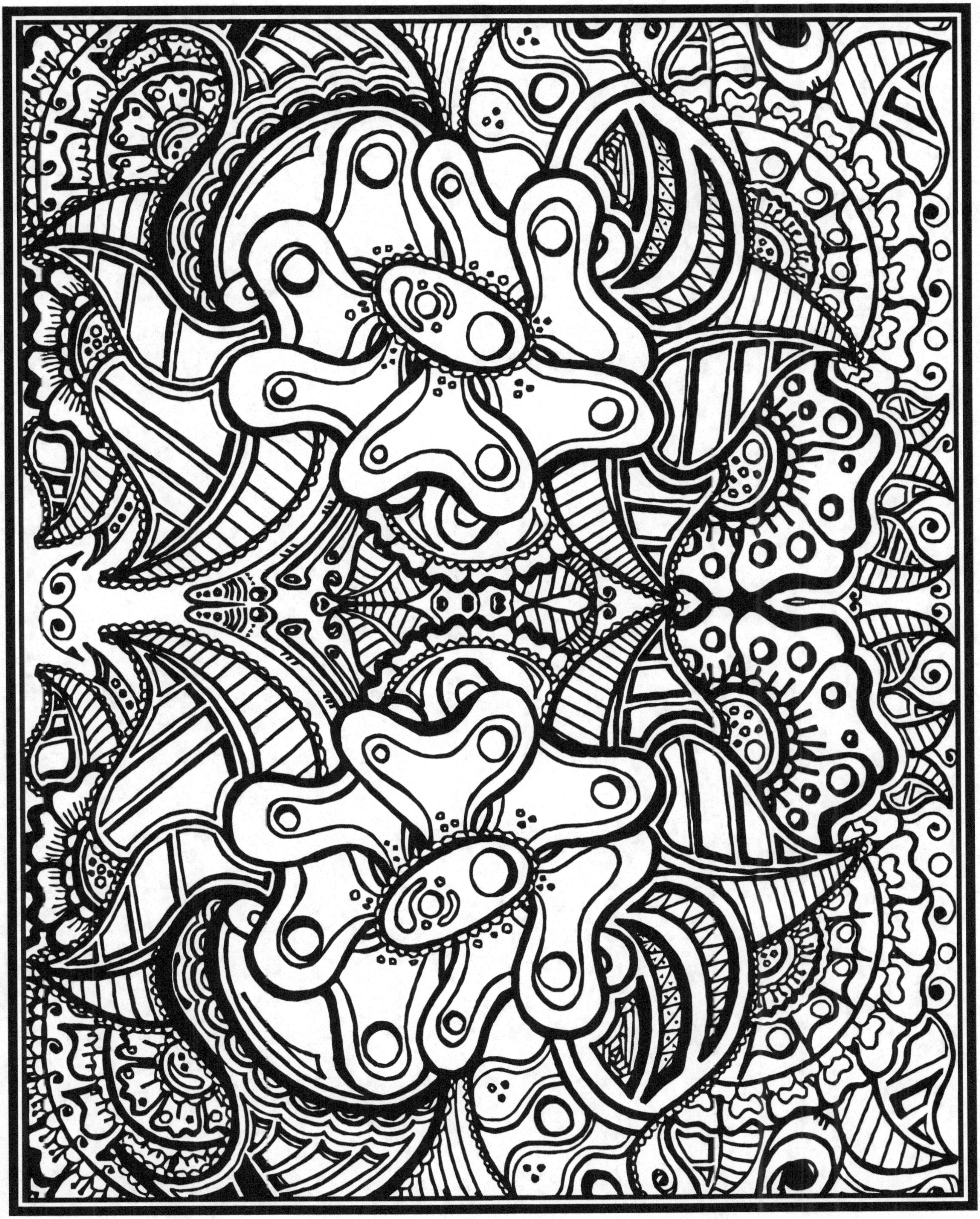

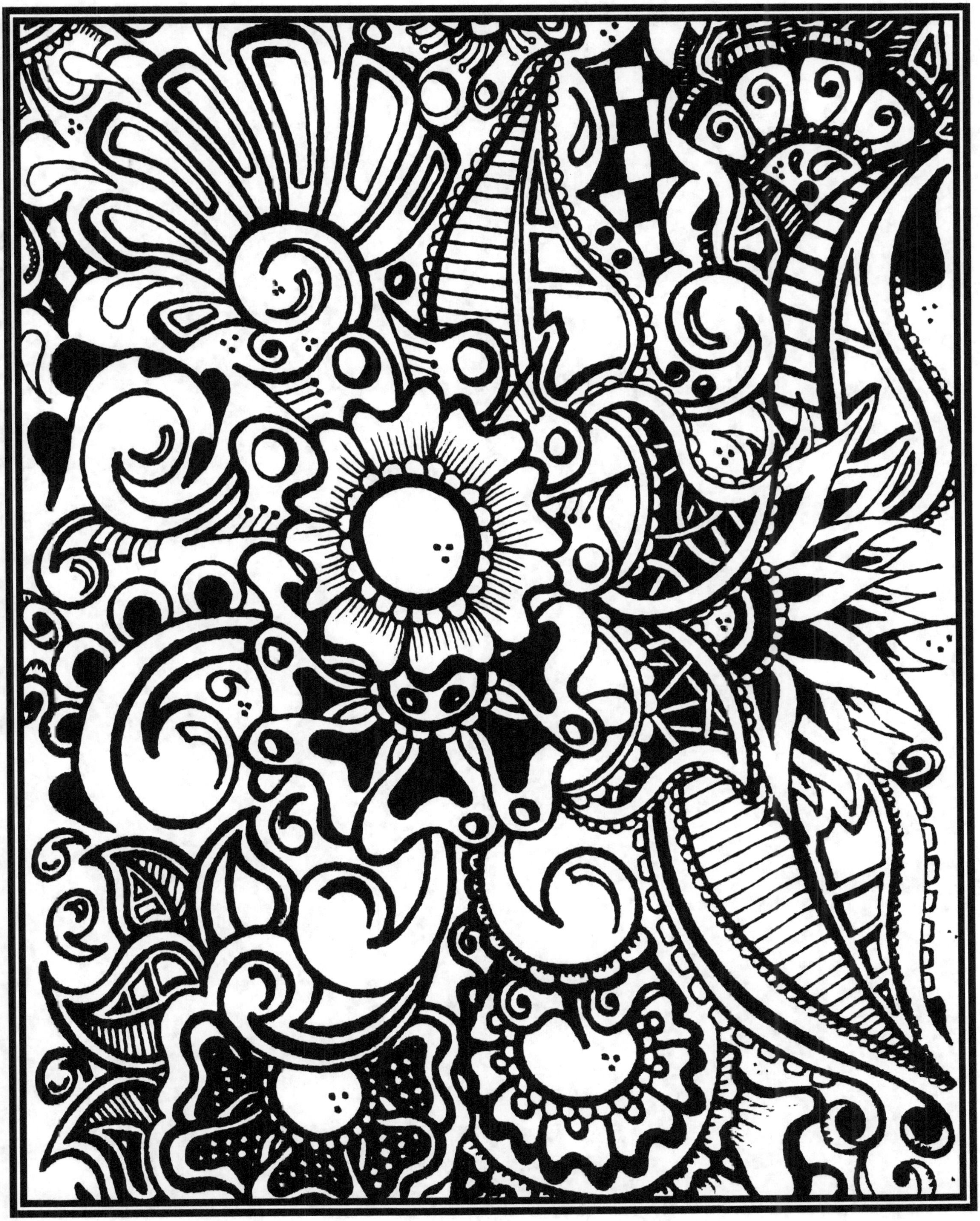

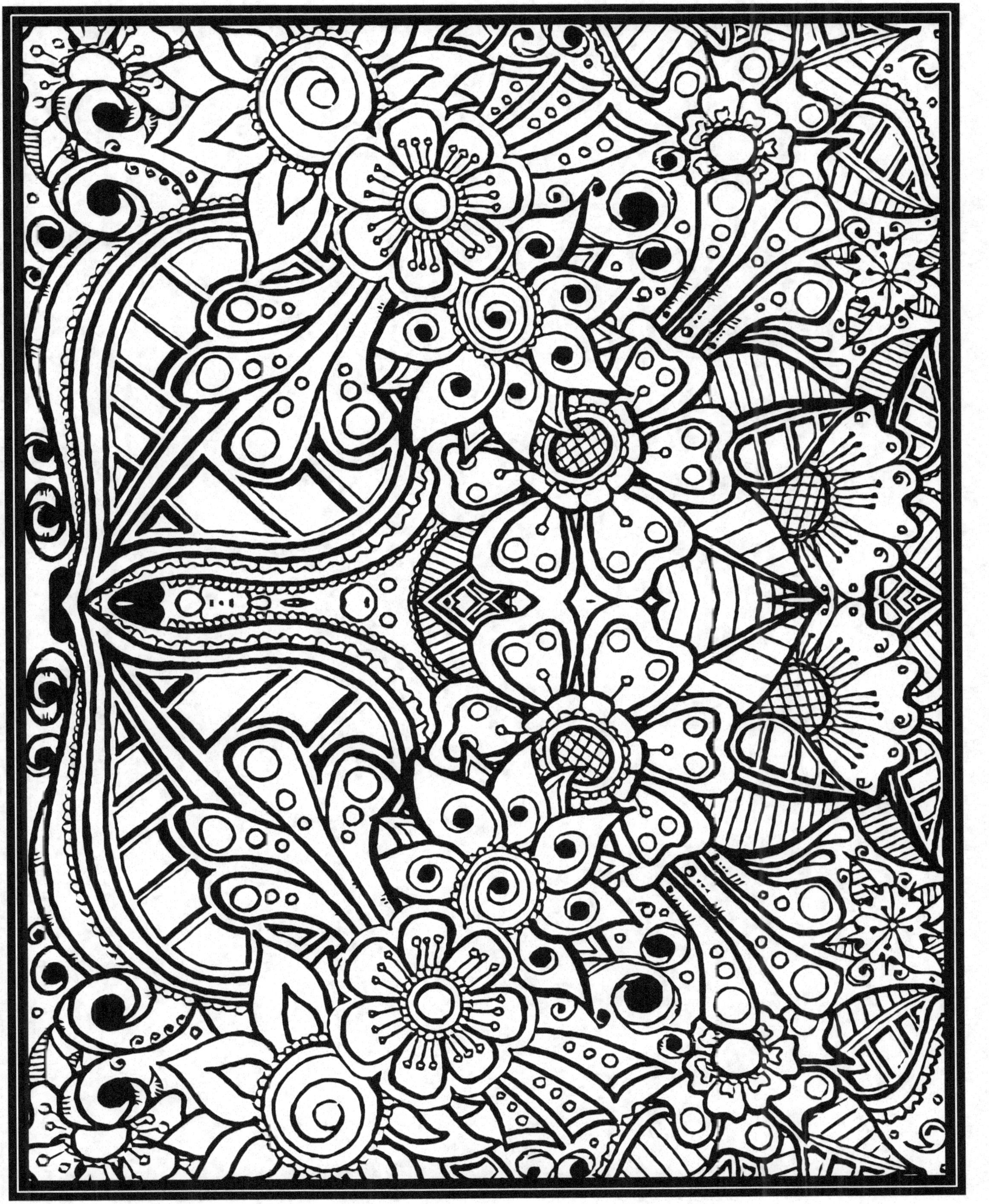

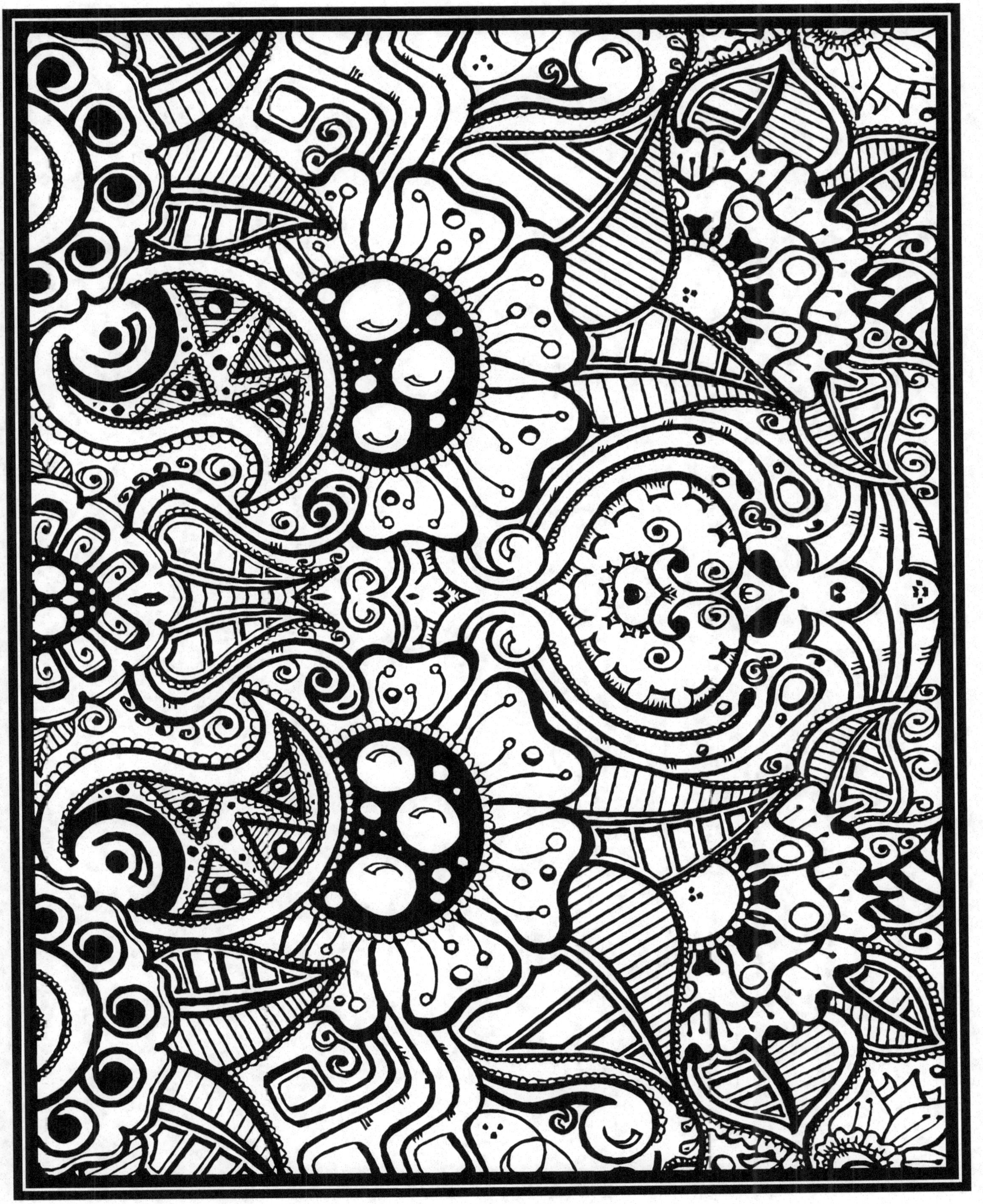

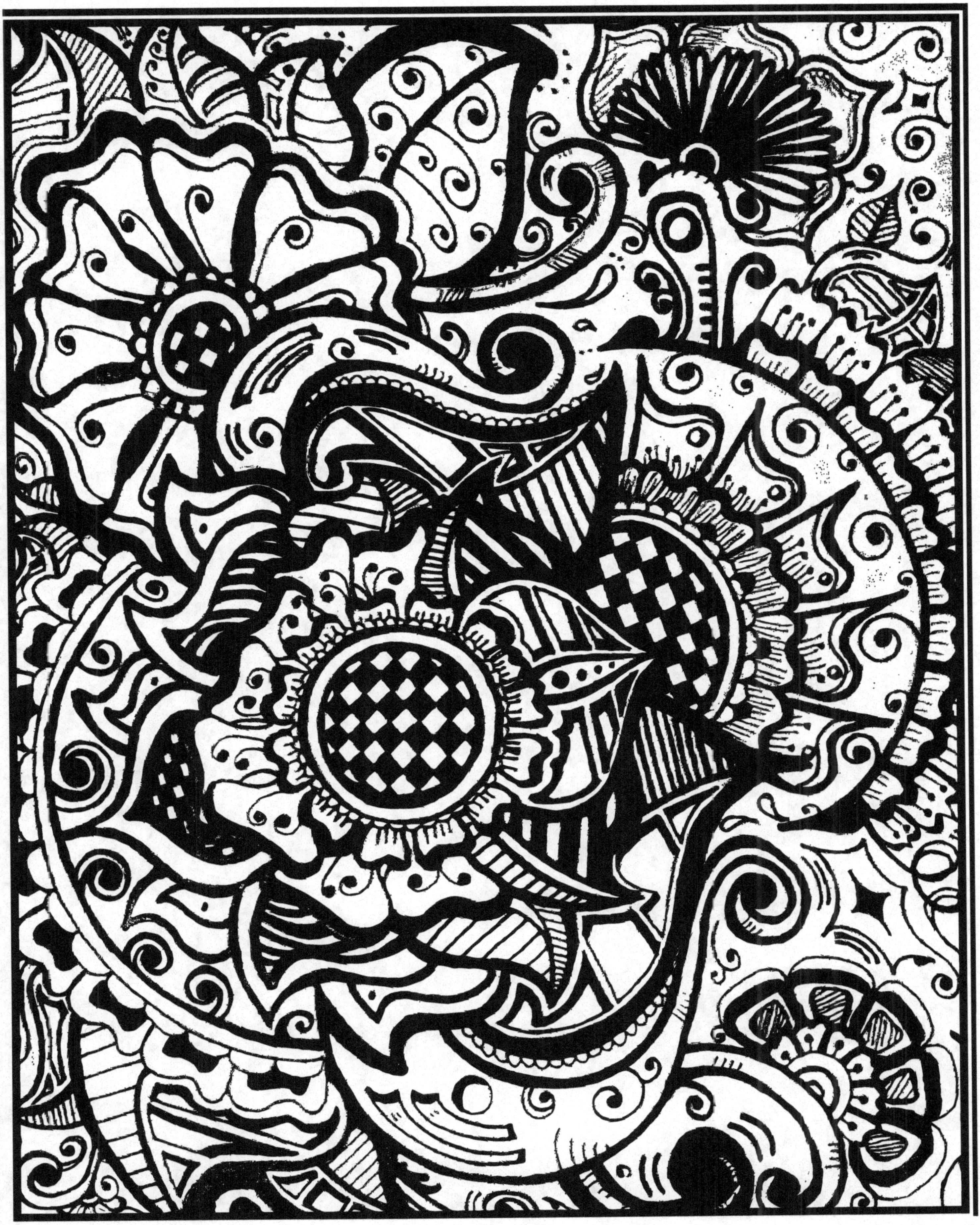

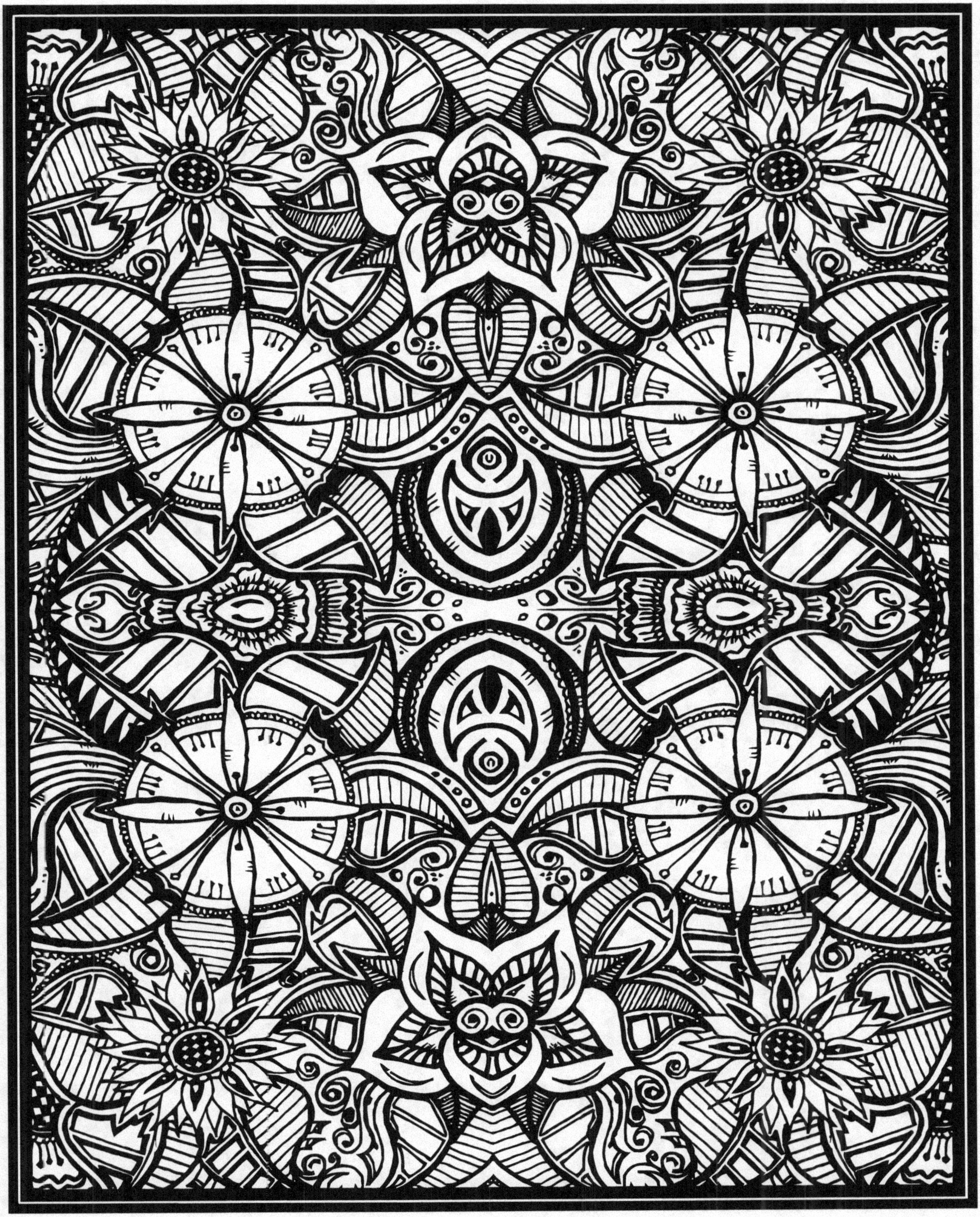

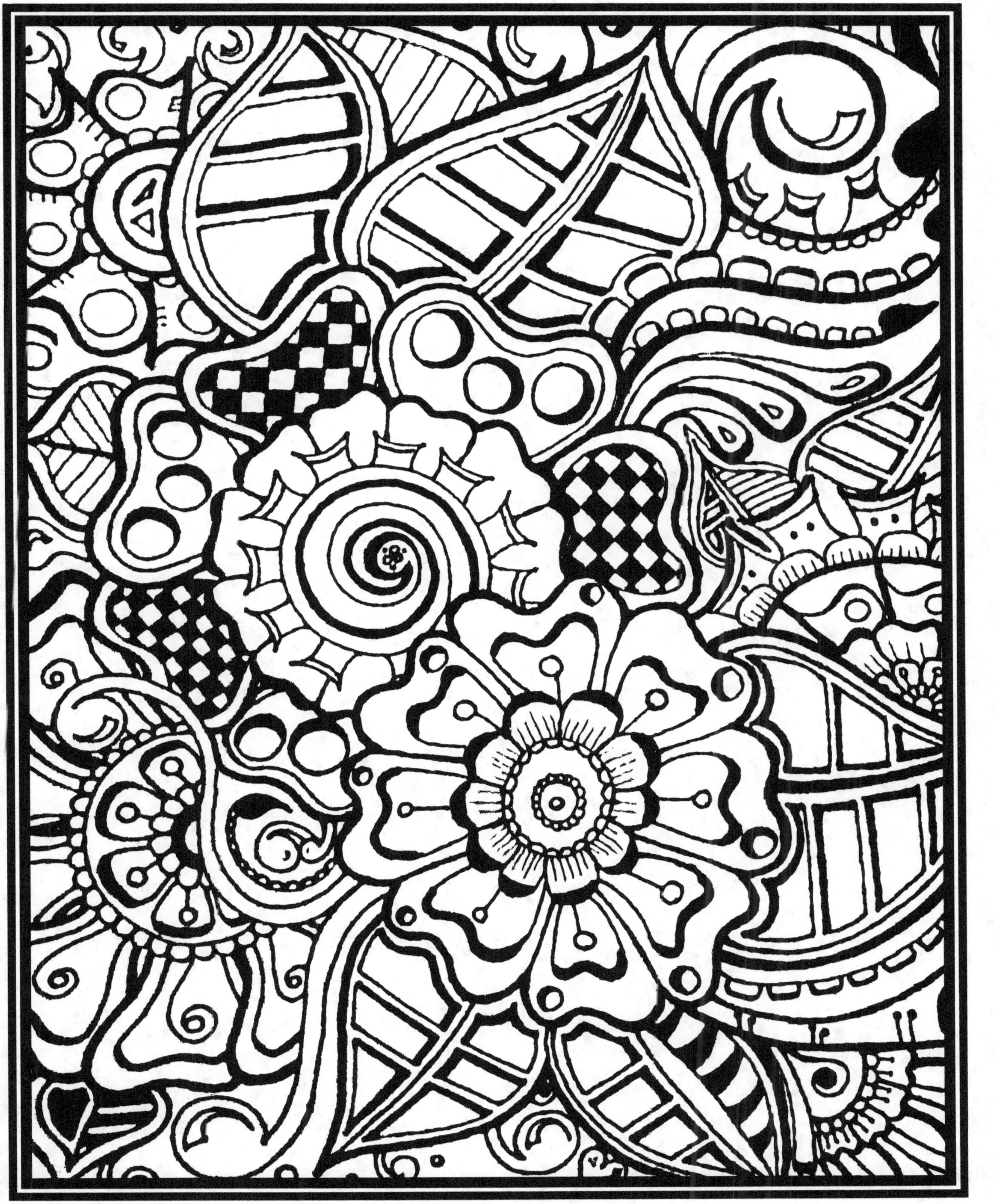

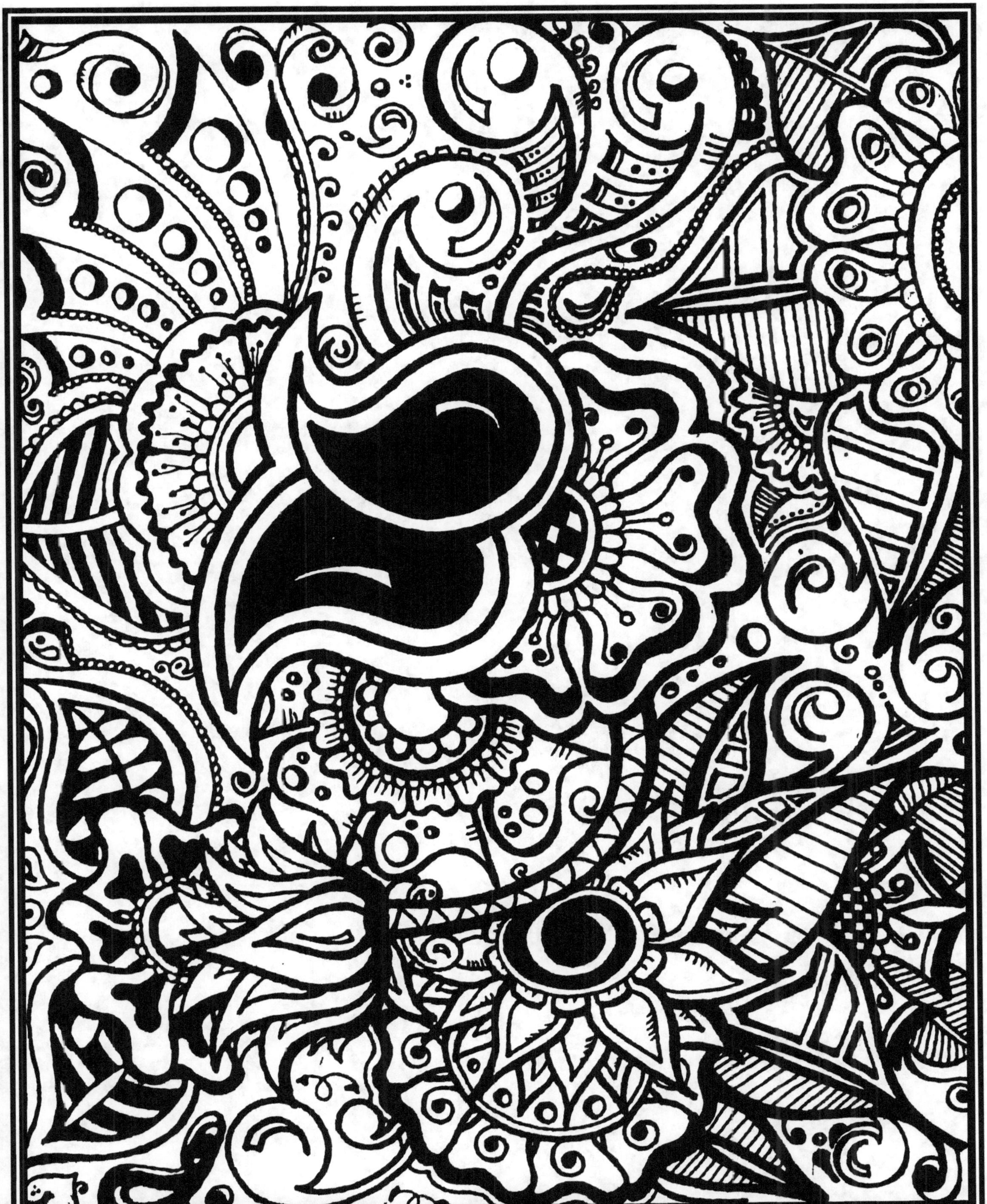

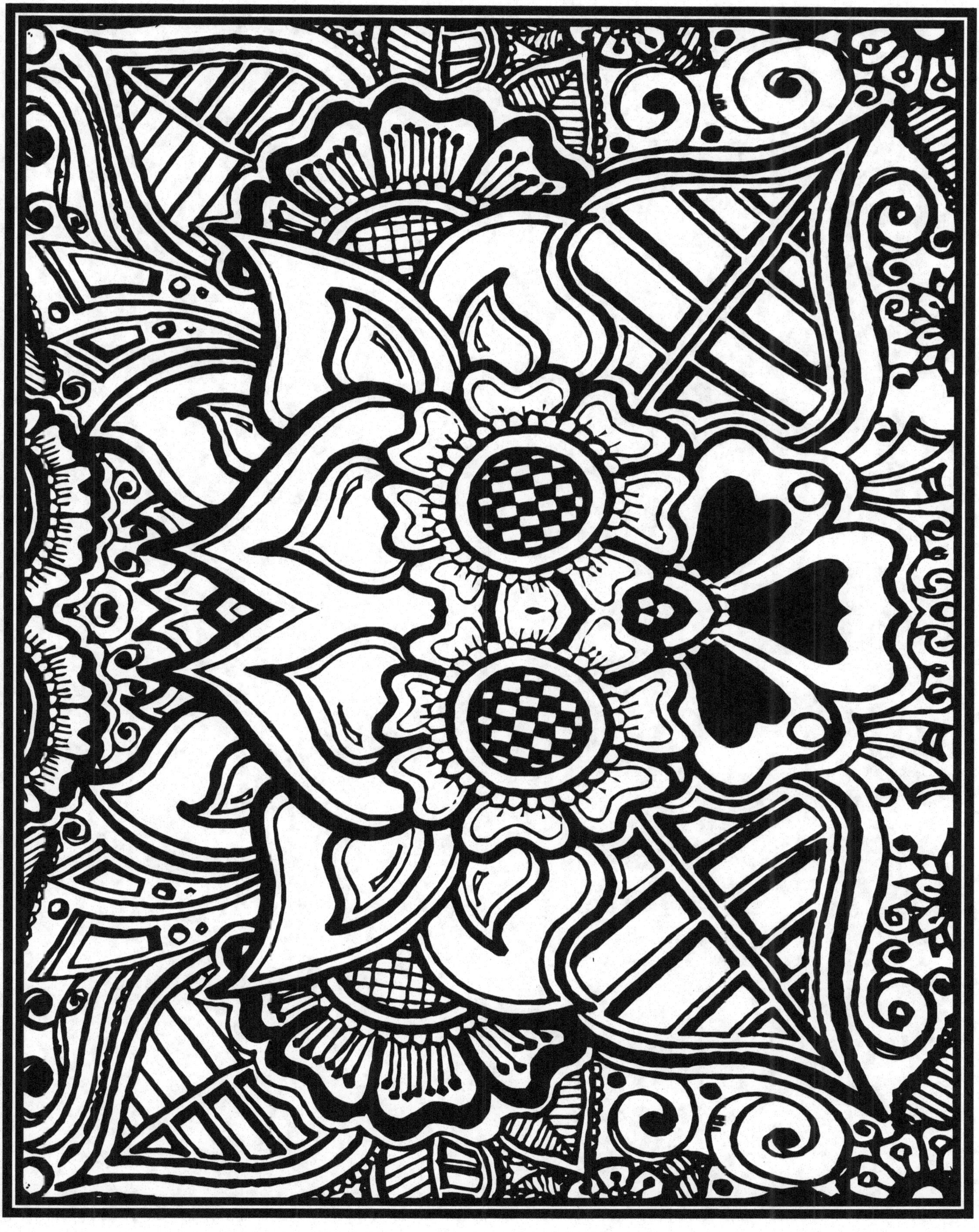

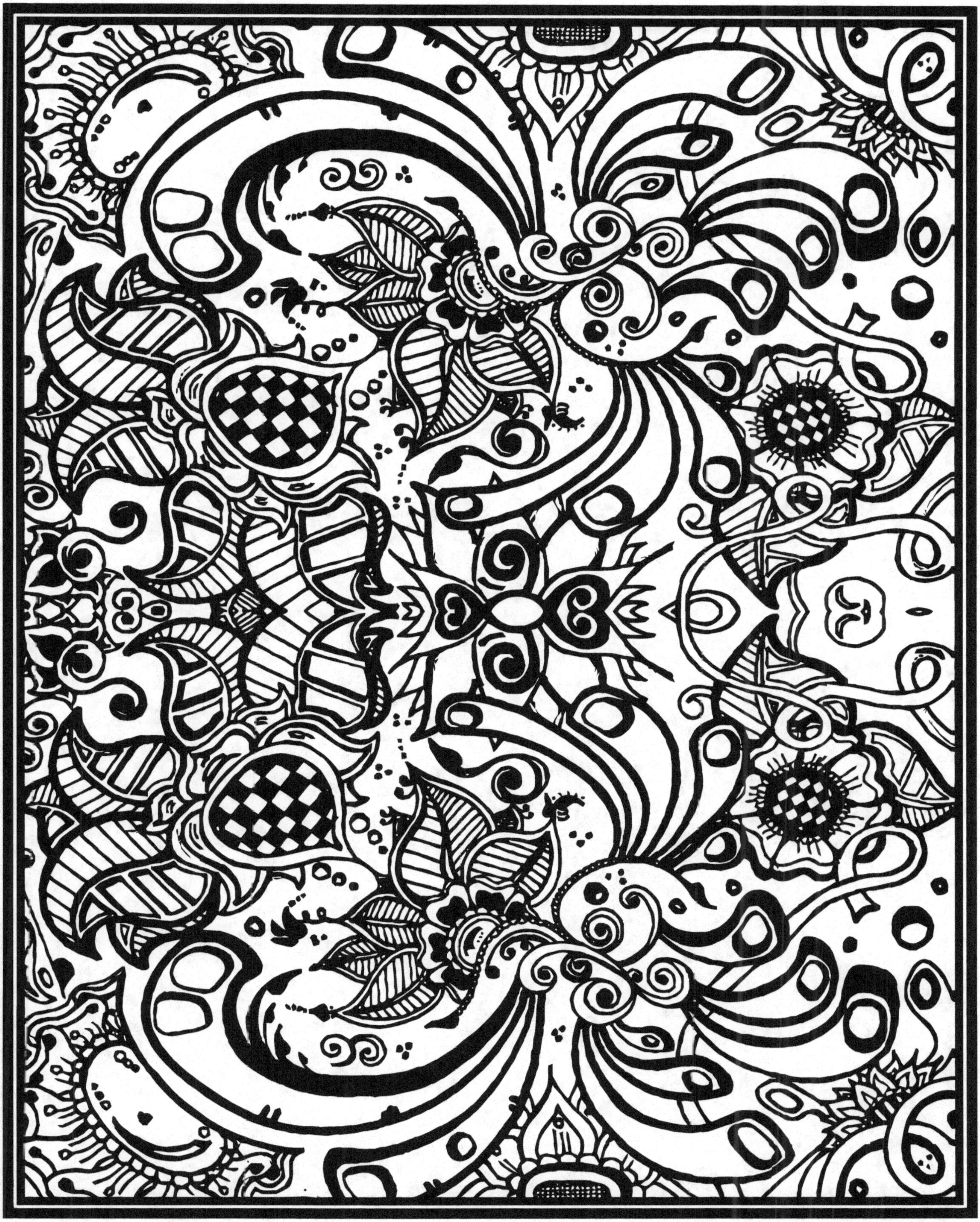

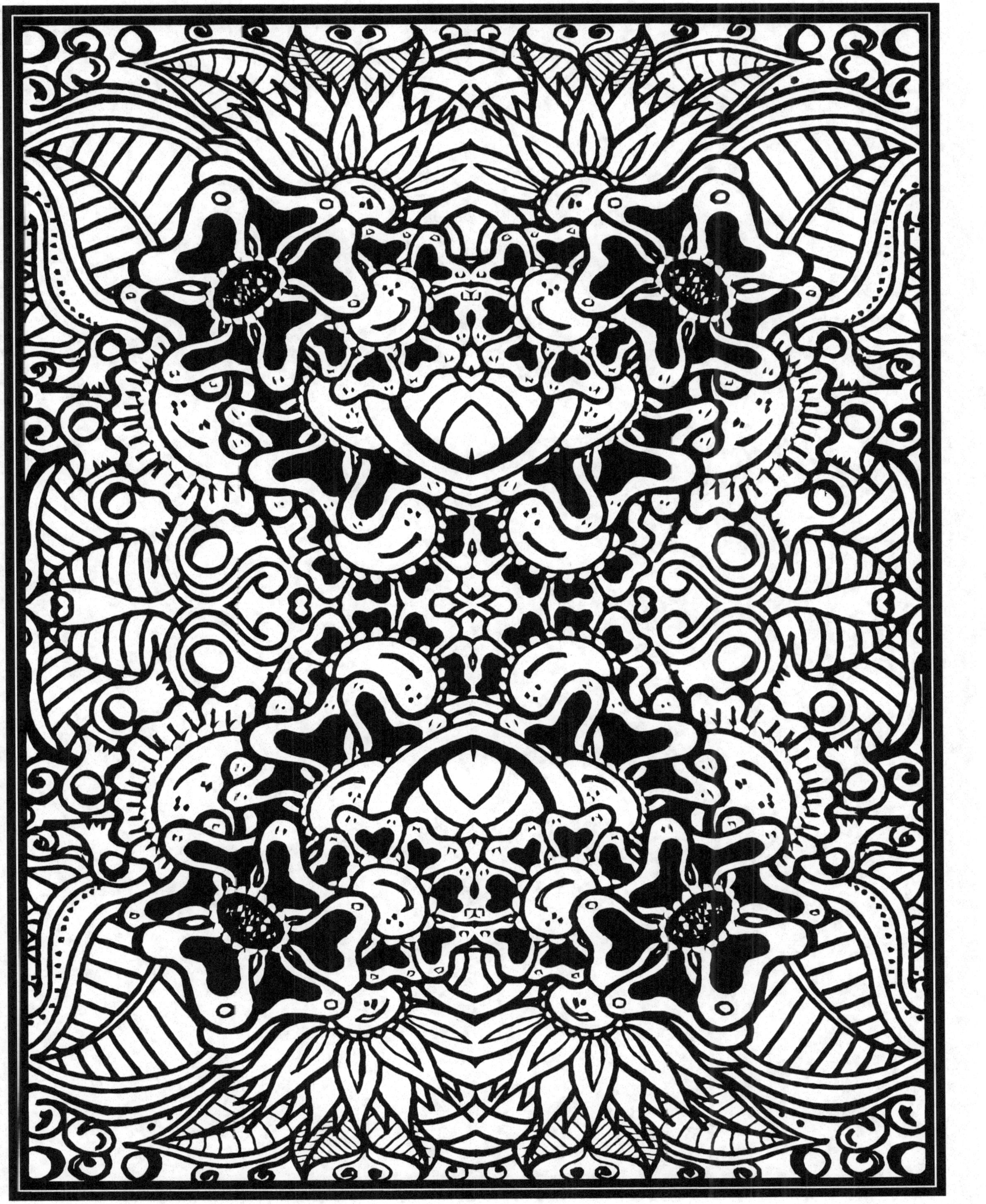

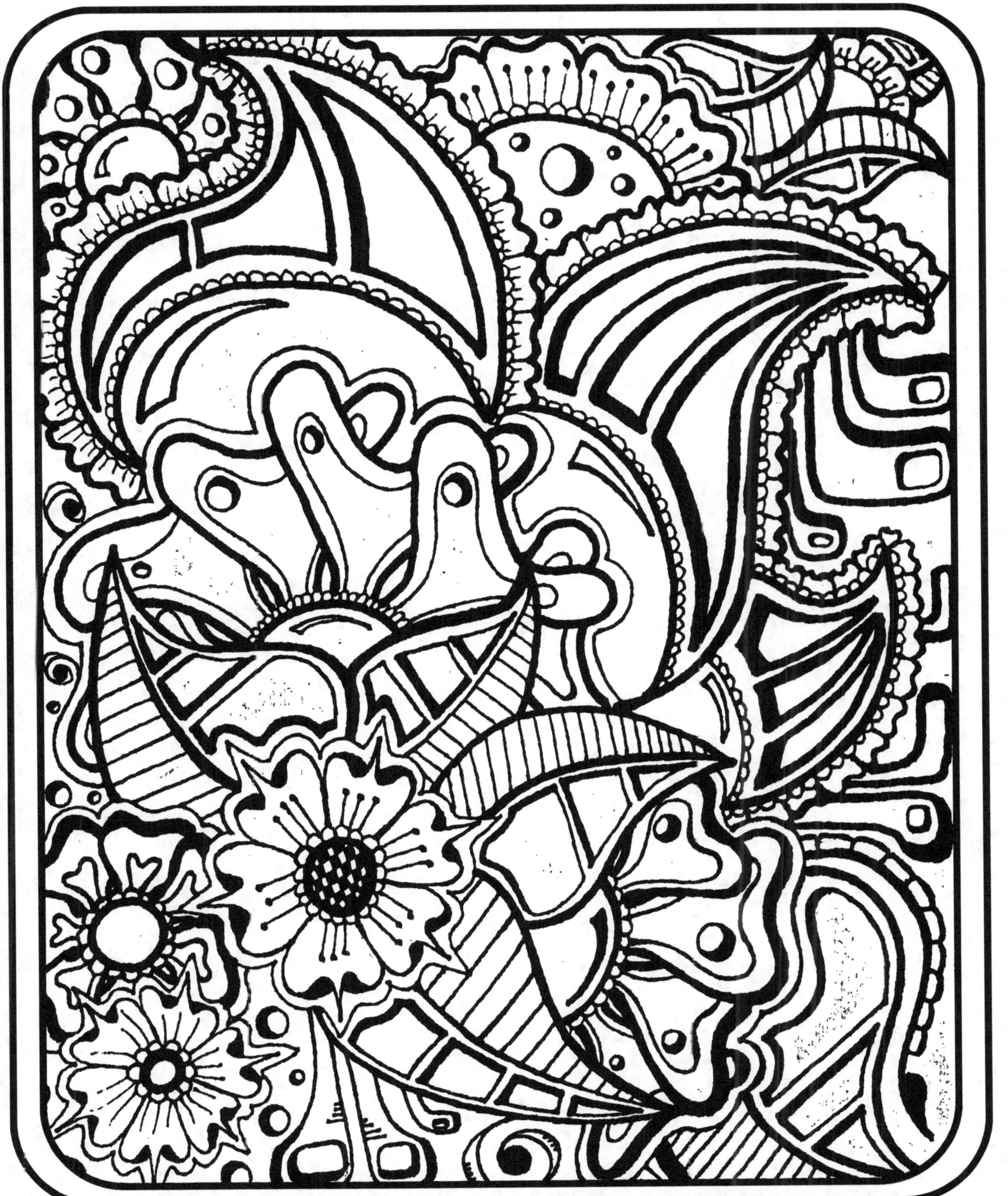

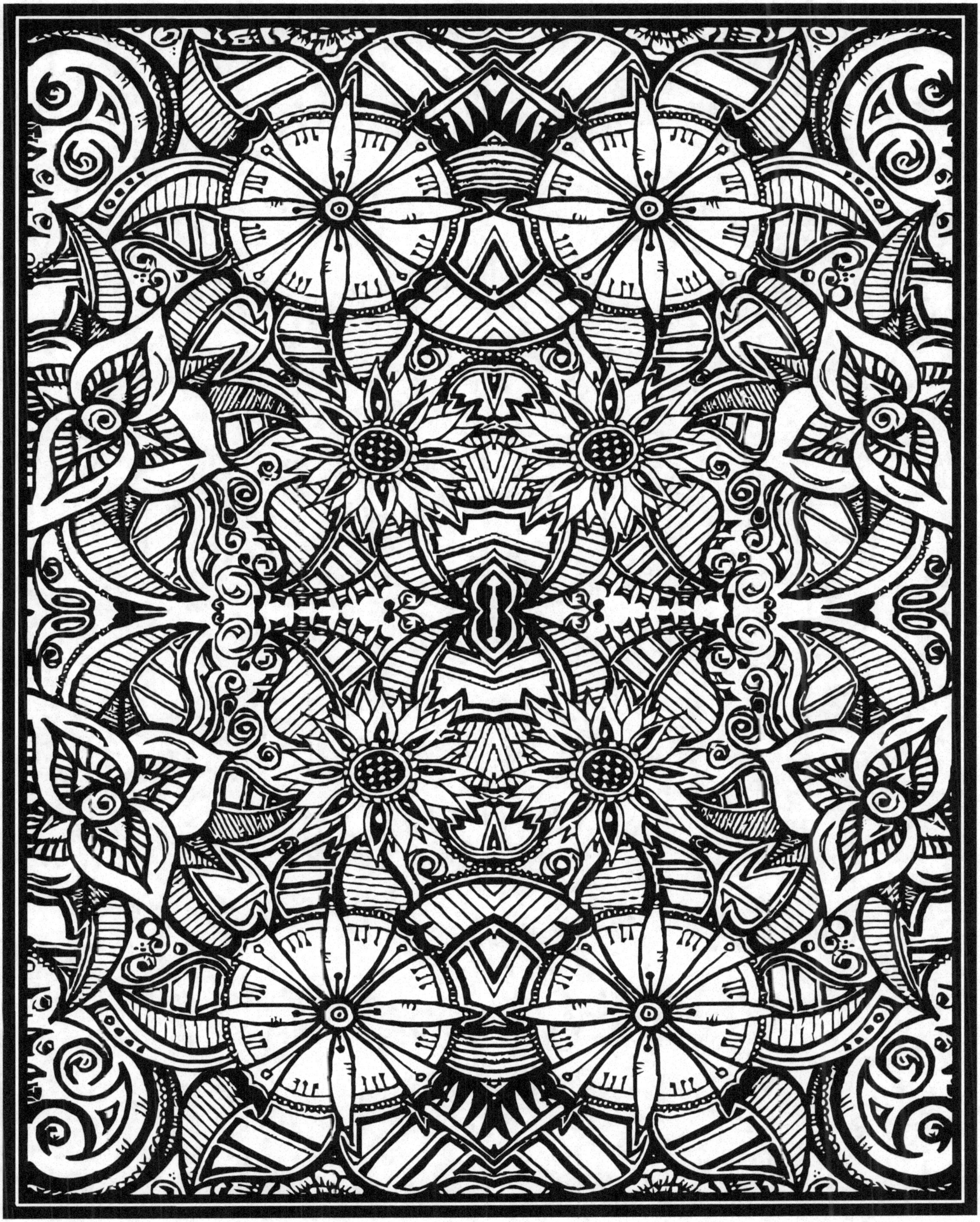

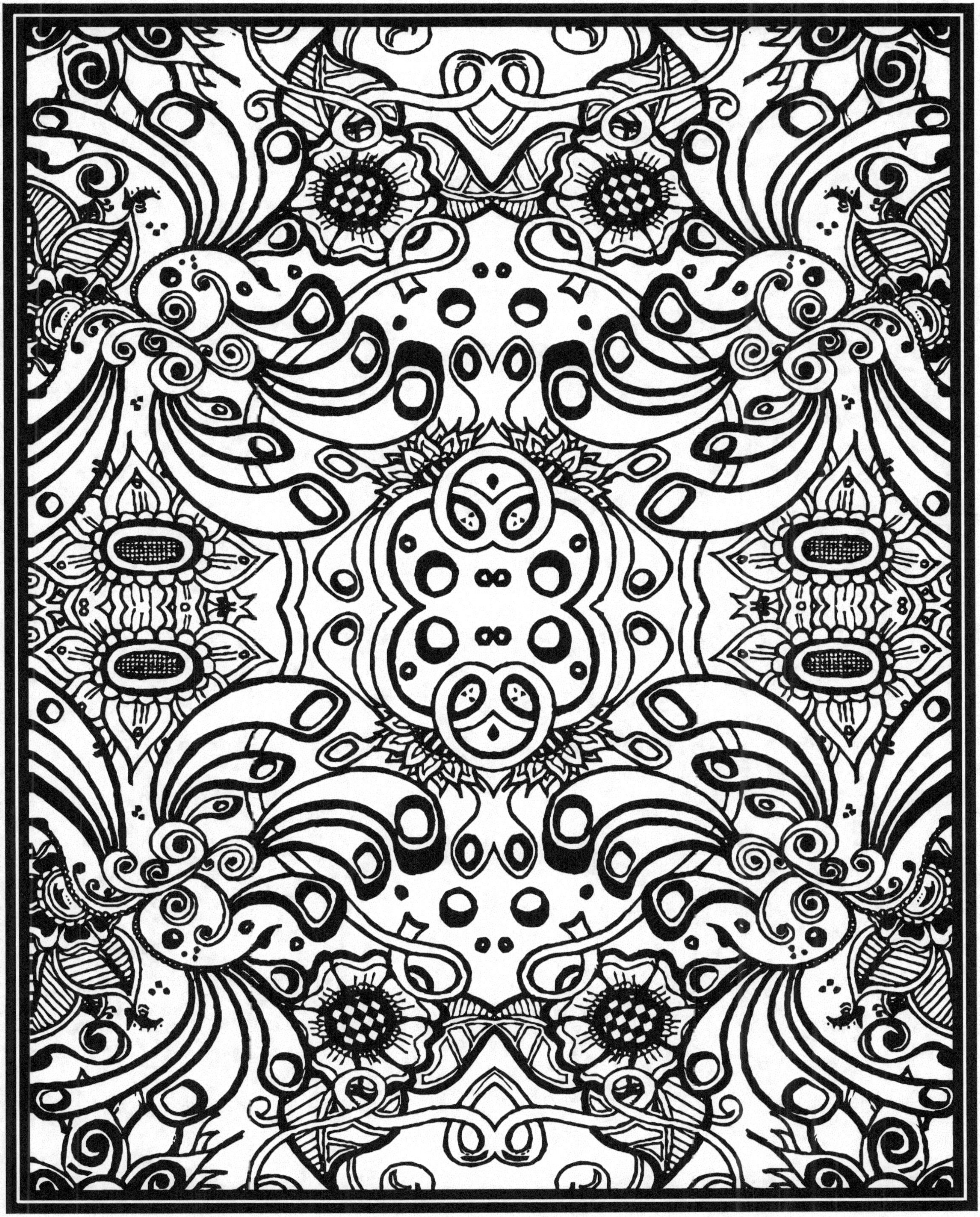

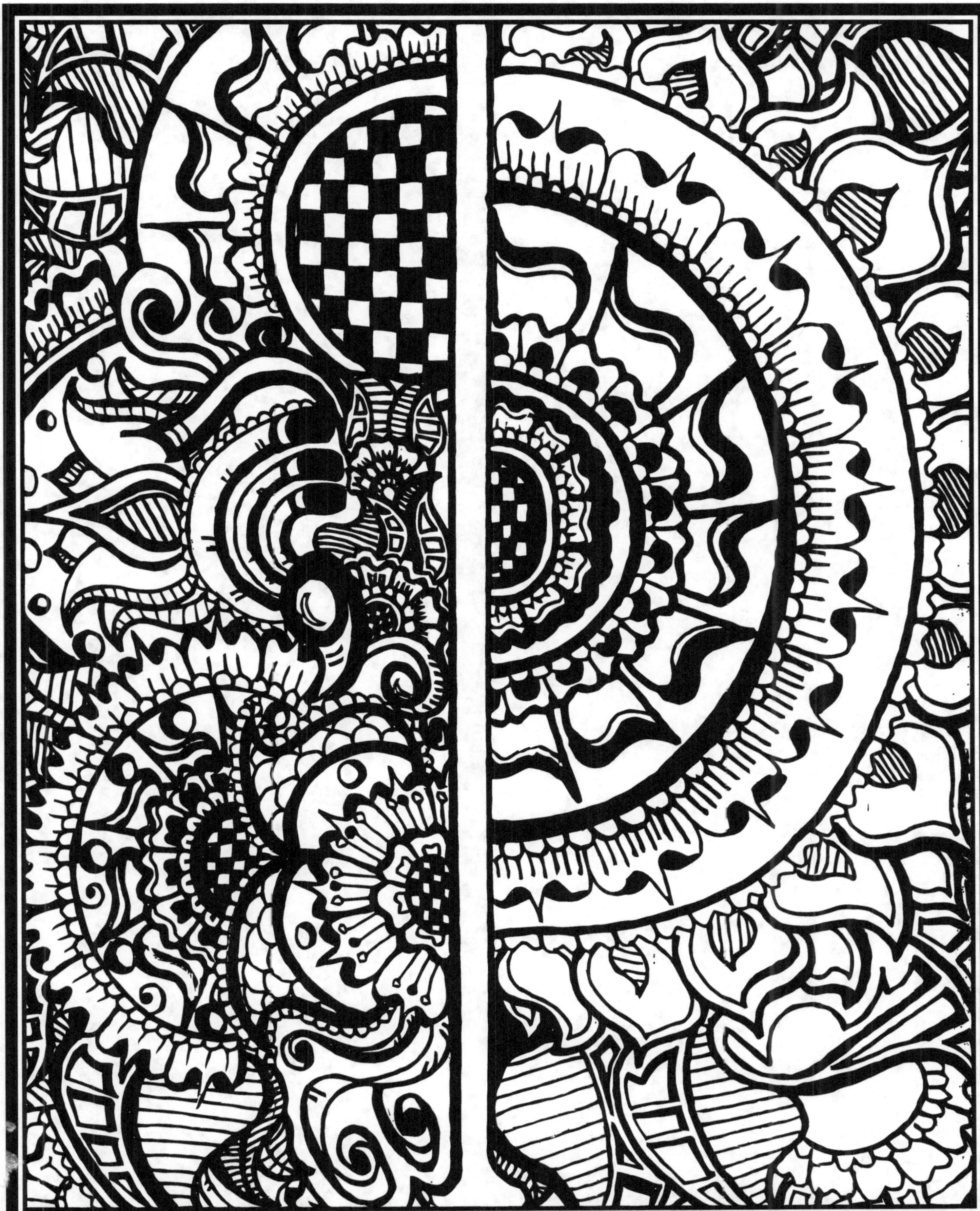

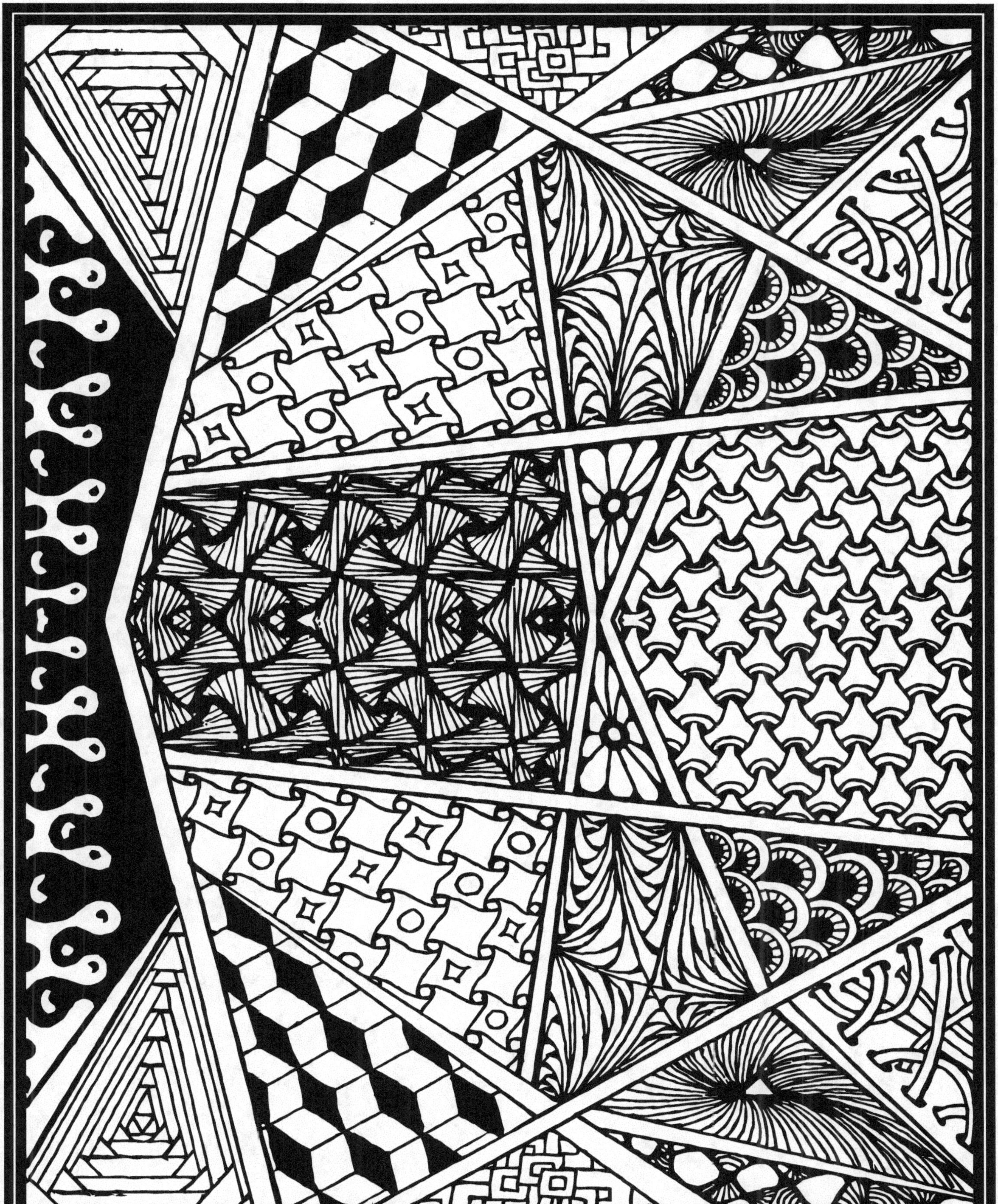

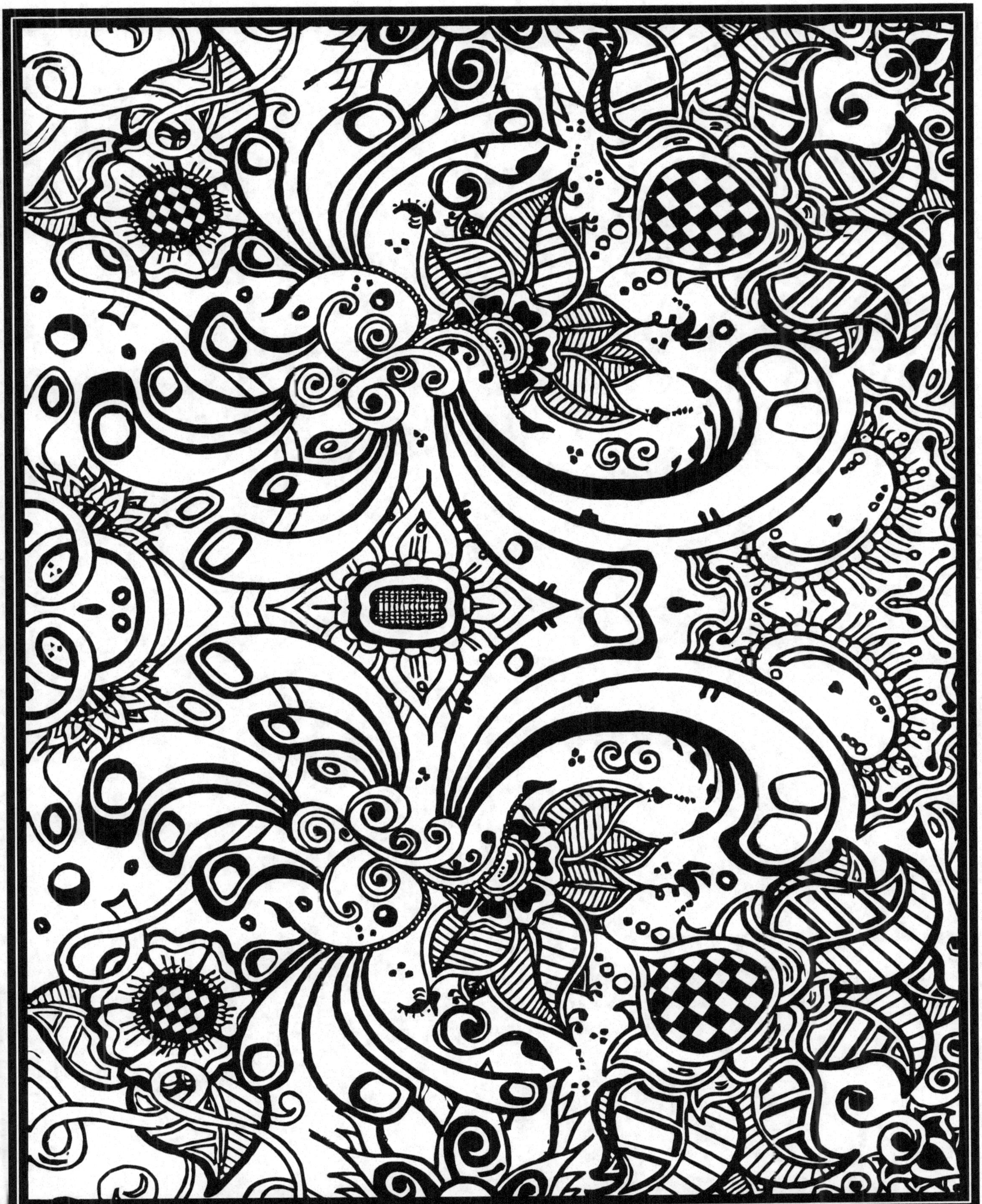

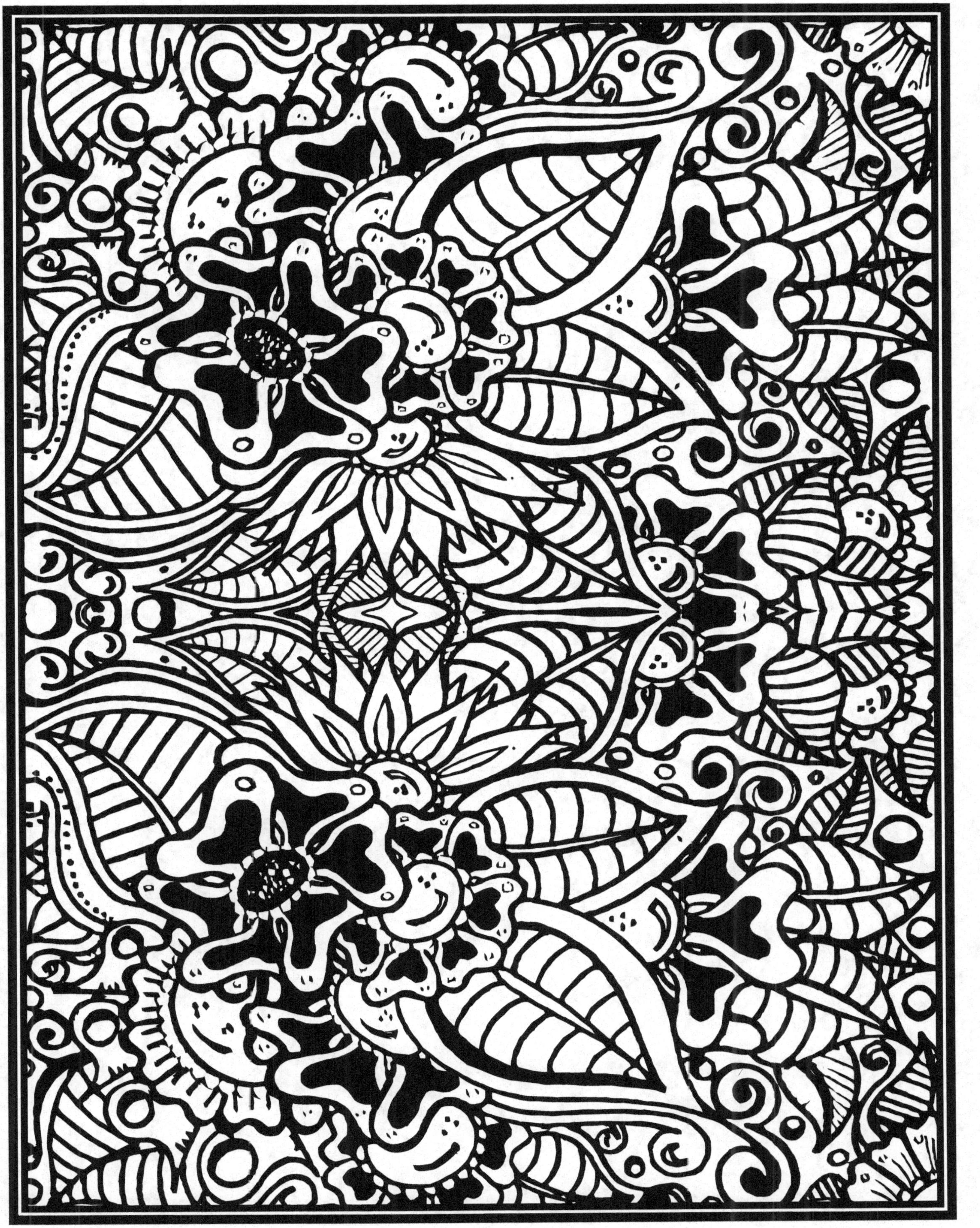

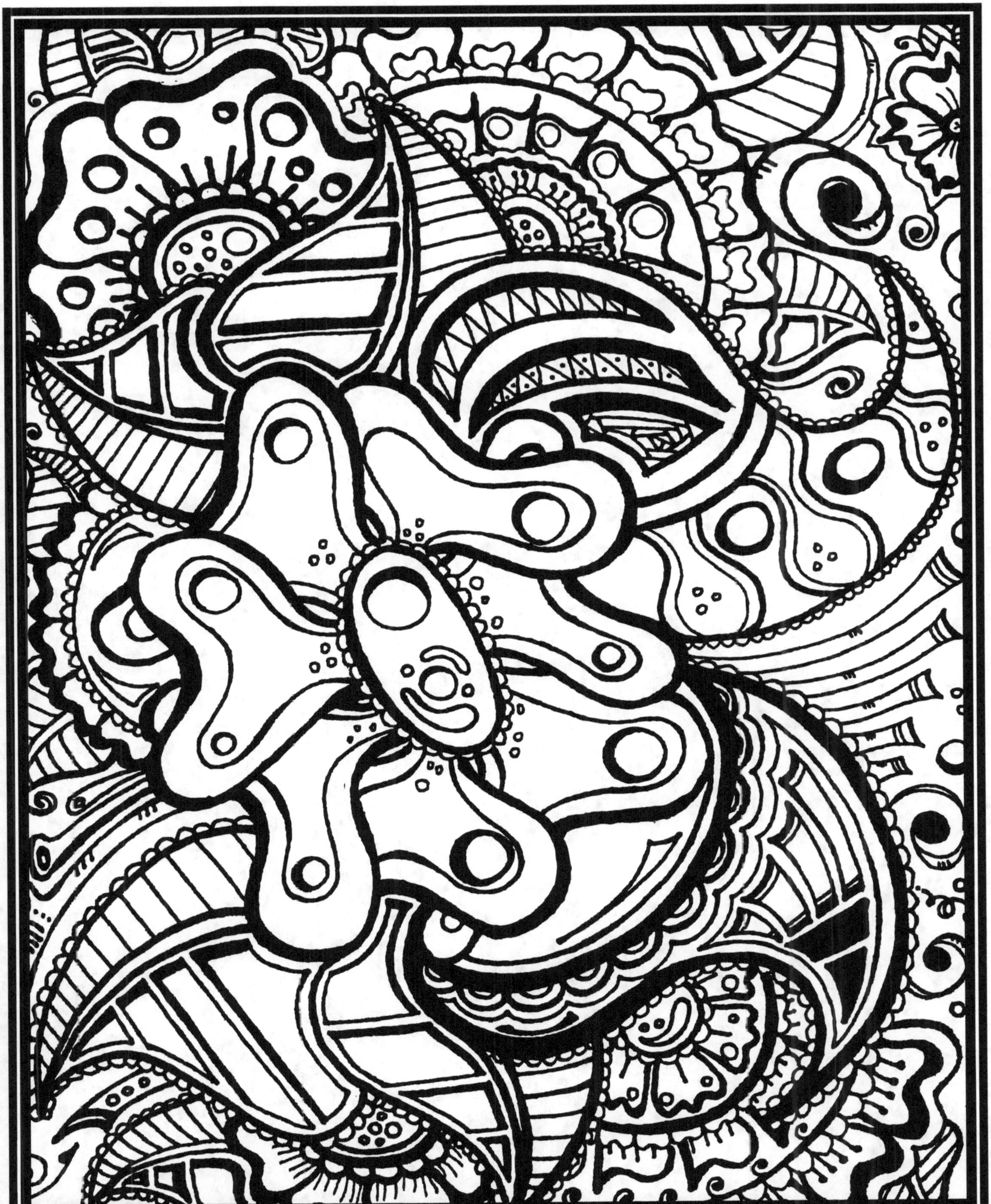

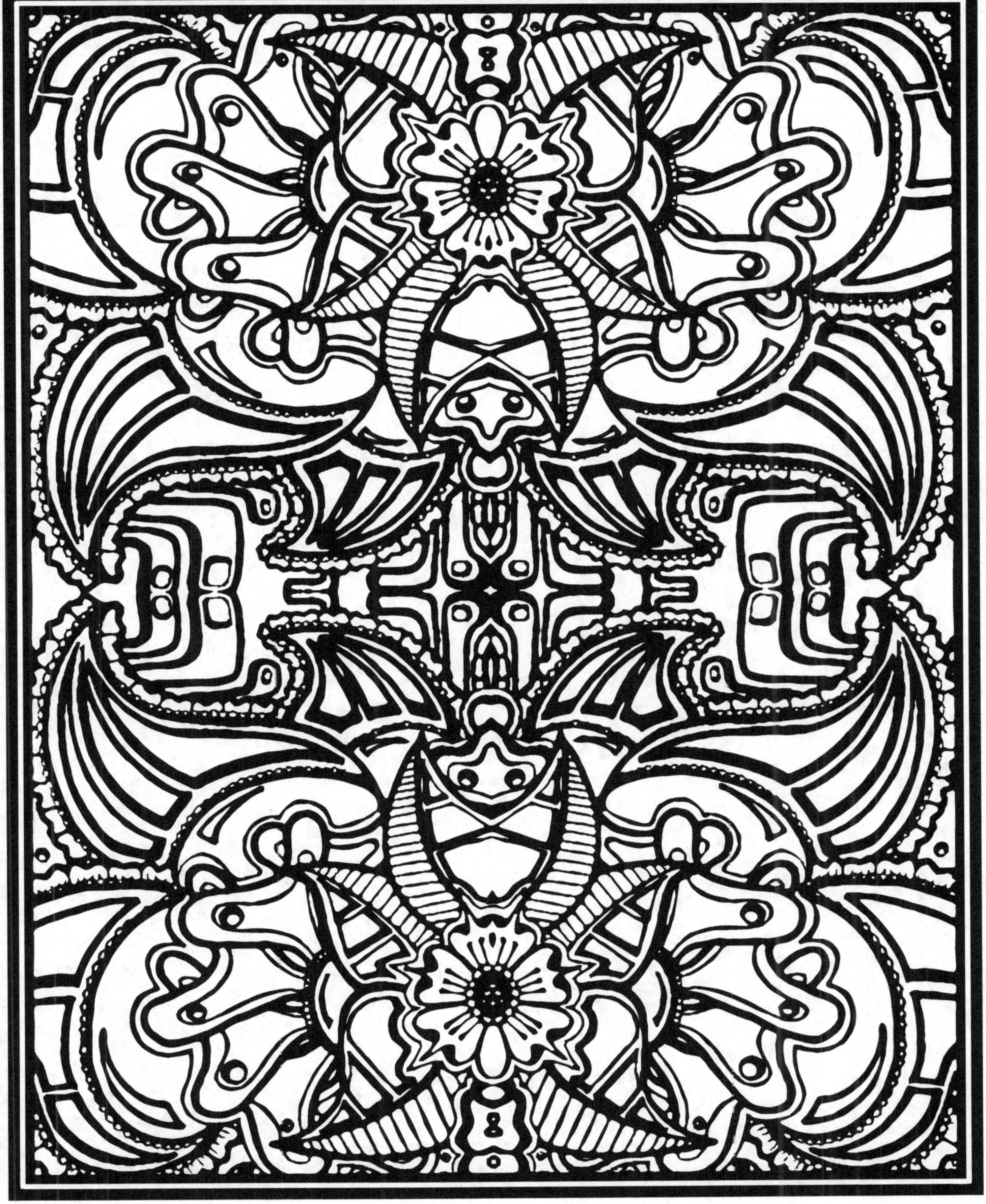

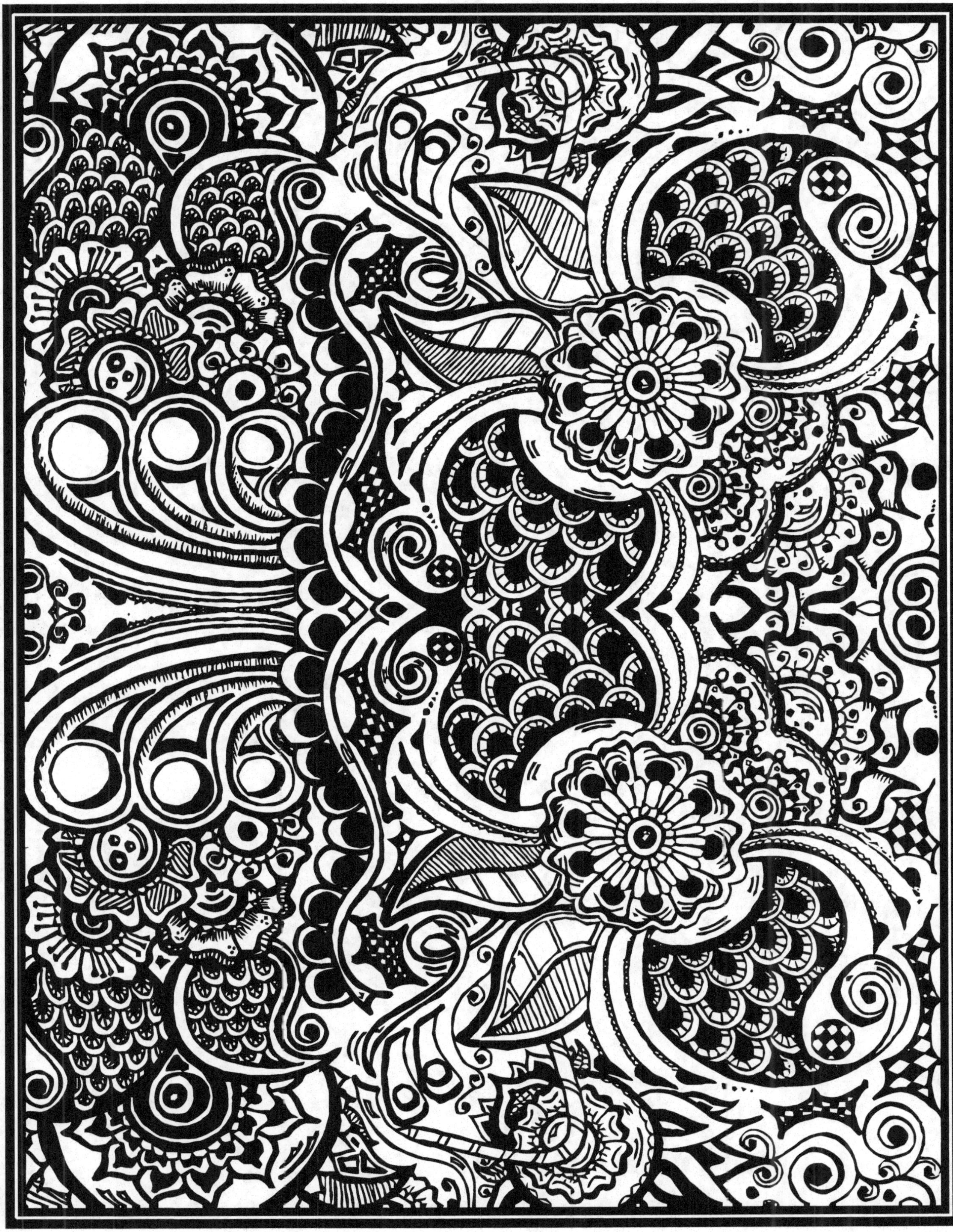

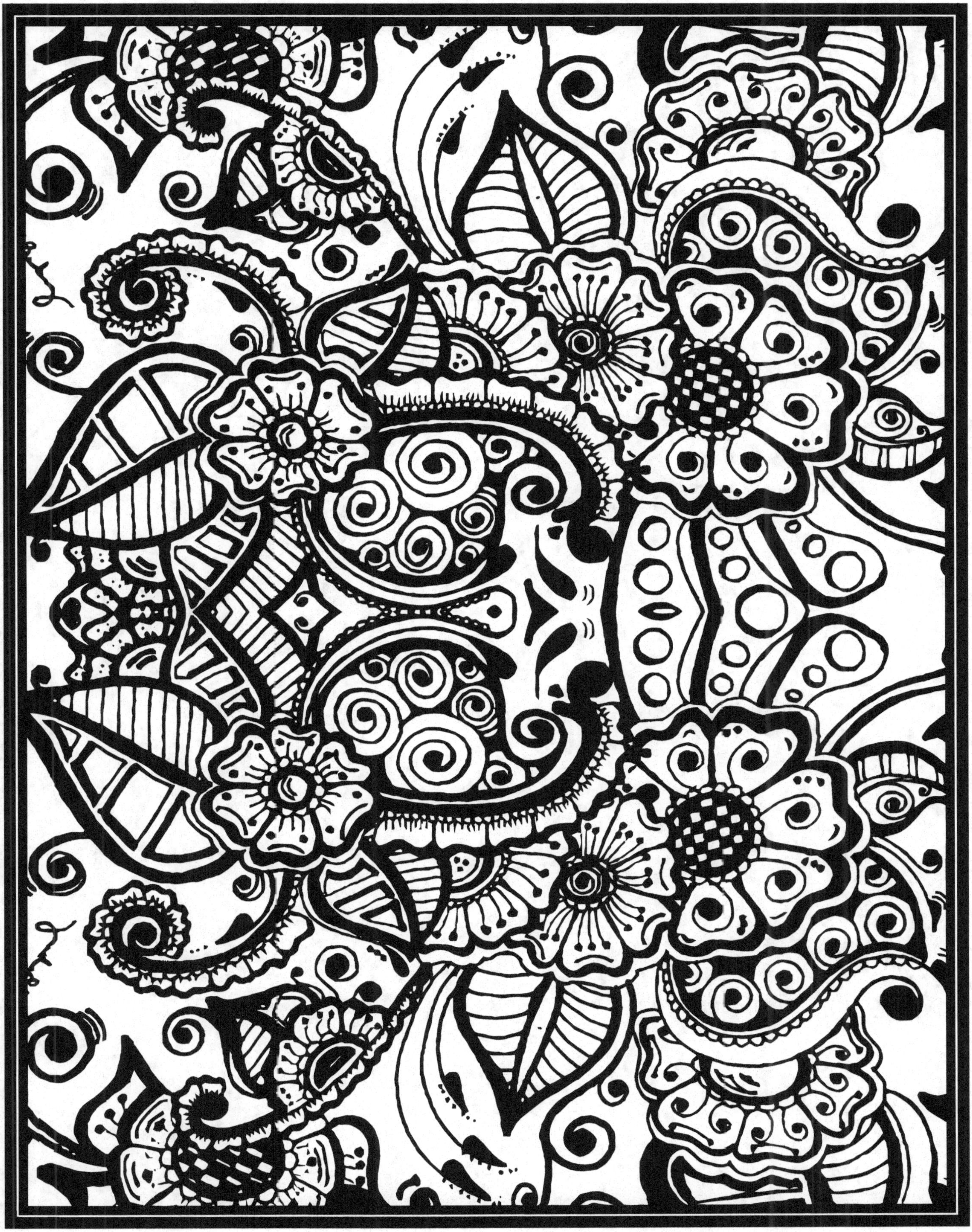

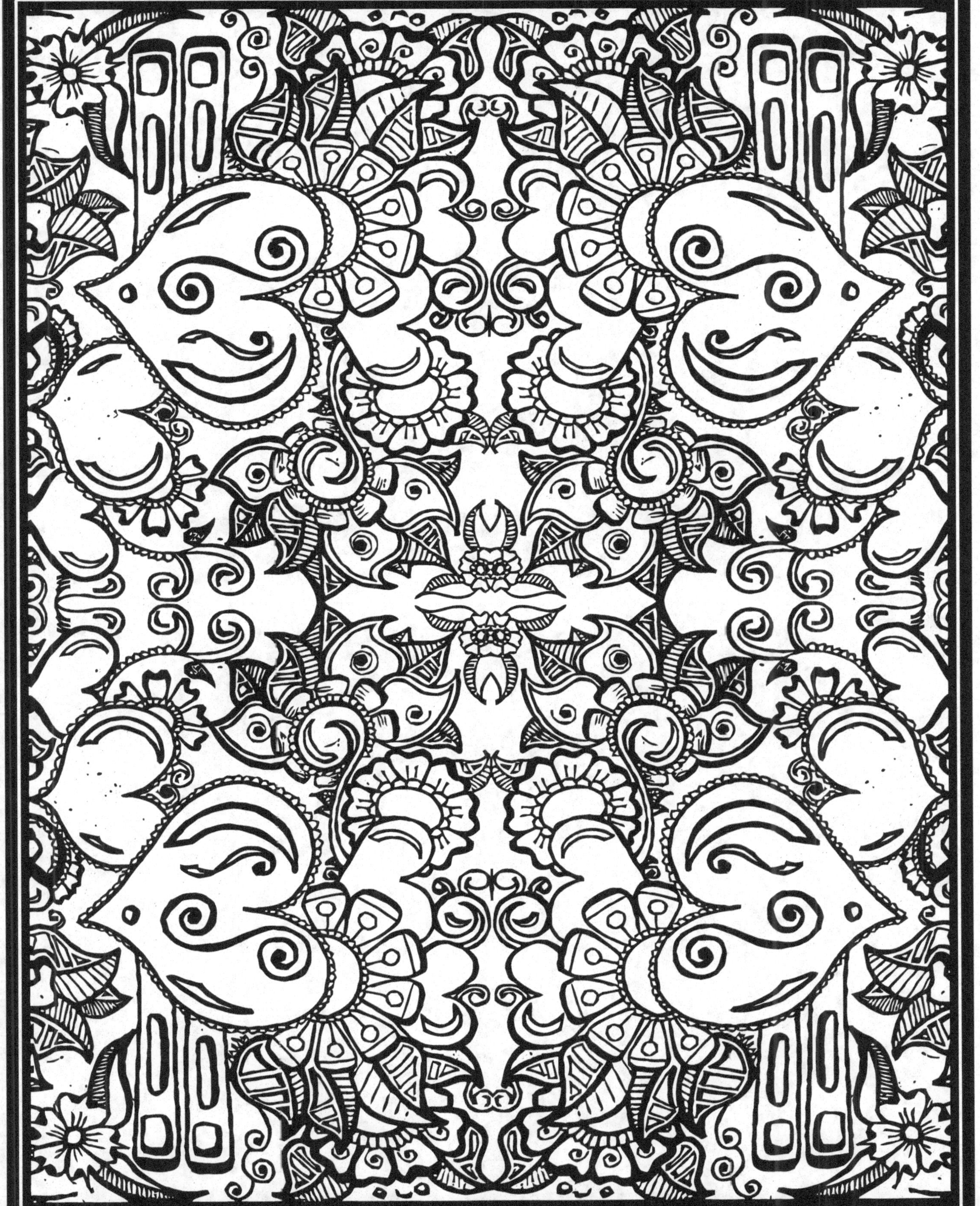

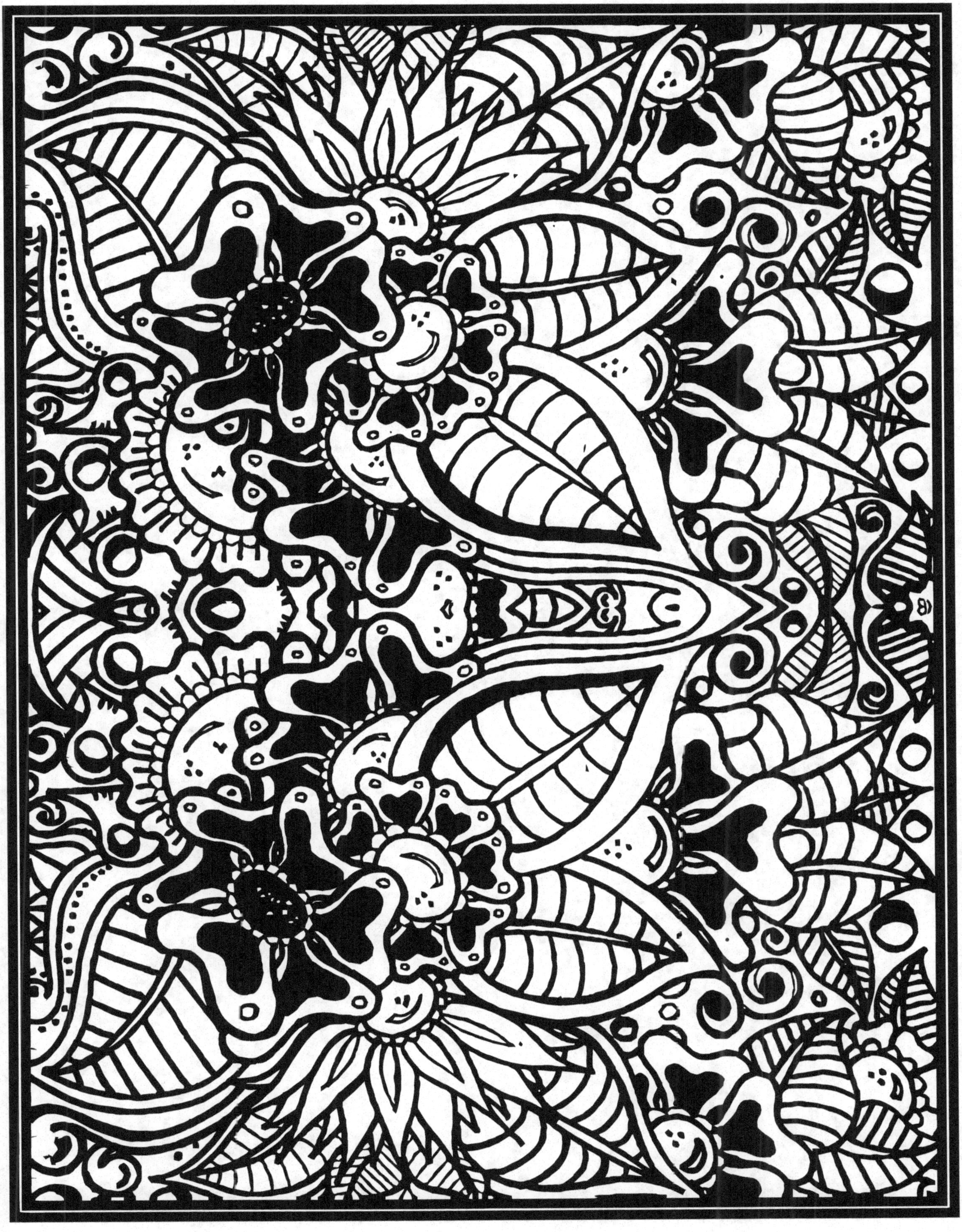

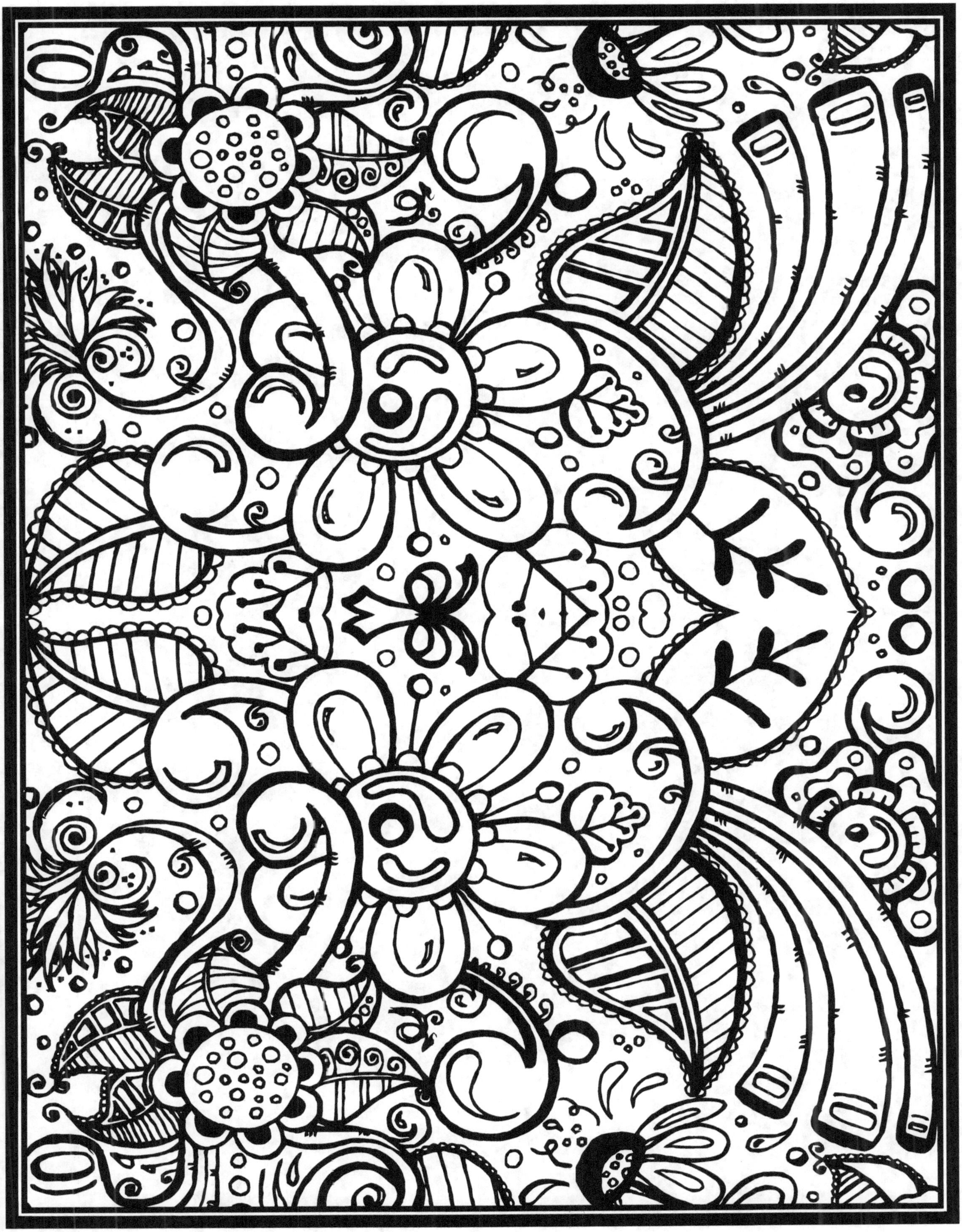

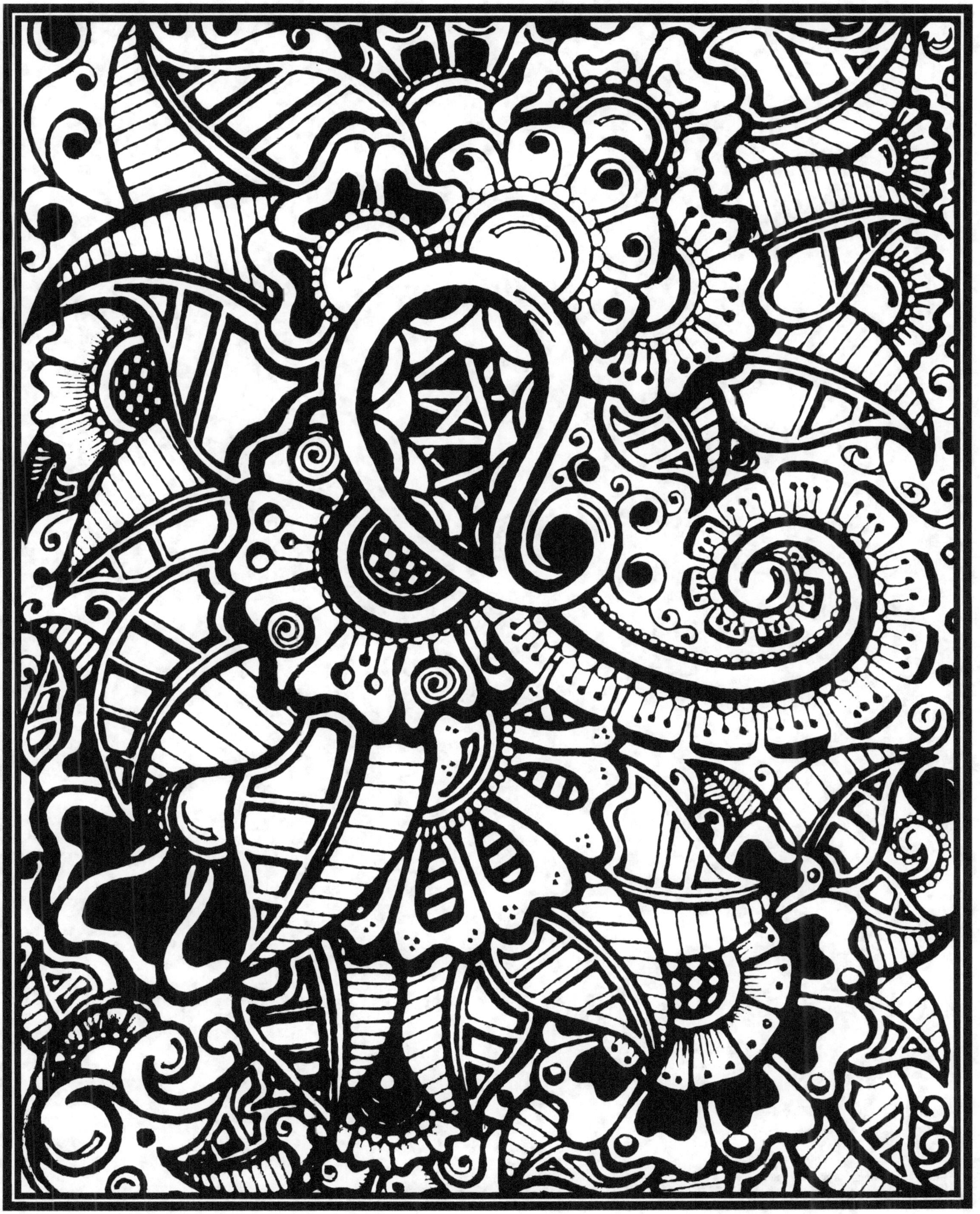

www.ingramcontent.com/pod-product-compliance
Lightning Source LLC
Chambersburg PA
CBHW080830310526
45788CB00019B/3068
* 9 7 8 1 5 4 3 0 8 0 4 7 6 *